雷州文化研究

张学松◎主编

海客诗文杂存

HAIKESHIWENZACUN

（清）陈乔森◆著　赵永建　张学松◆点校

中国社会科学出版社

图书在版编目(CIP)数据

海客诗文杂存/(清)陈乔森著;赵永建,张学松点校. —北京:中国社会科学出版社,2014.11
(雷州文化研究/张学松主编)
ISBN 978-7-5161-4794-8

Ⅰ.①海… Ⅱ.①陈…②赵…③张… Ⅲ.①古典诗歌—诗歌研究—中国—清后期②古典散文—古典文学研究—中国—清后期
Ⅳ.①I206.2

中国版本图书馆 CIP 数据核字(2014)第 211294 号

出 版 人	赵剑英
选题策划	郭晓鸿
责任编辑	陈肖静
责任校对	韩海超
责任印制	戴 宽

出 版	中国社会科学出版社
社 址	北京鼓楼西大街甲 158 号
邮 编	100720
网 址	http://www.csspw.cn
发 行 部	010 - 84083685
门 市 部	010 - 84029450
经 销	新华书店及其他书店

印 刷	北京君升印刷有限公司
装 订	廊坊市广阳区广增装订厂
版 次	2014 年 11 月第 1 版
印 次	2014 年 11 月第 1 次印刷

开 本	710×1000 1/16
印 张	14.25
字 数	216 千字
定 价	368.00 元(全五册)

海客詩文雜存

卷 壹

甲戌本封面（中山大学图书馆藏）

庚申舊曆七月

海客詩文雜存

雷城內西街道南印務局本

庚申本扉页（广东省立中山图书馆藏）

海客詩文雜存

甲戌年舊曆十一月重刊

赤坎海邊街華文印務局本

甲戌本扉頁（中山大学图书馆藏）

古近體詩

遂溪　陳喬森　頤山　著

受業遂溪　陳鴻年　楊允選　海康宋　鑫　編校

受業海康黃景星　募印並對稿

漫興四首

日永柴門敞行吟忽忽還鳥啼時過樹雲出不離山有迹

投林茂無名入世閒所親伴言笑常見好容顏

花間流水裏未算住凡塵習靜得微悟披書逢古人亦浮

紅樹艇側岸白雲巾取次觀元化垂綸滄海濱

古近體詩

逐溪　陳　喬　森　頤　山　著

受業逐溪　陳鴻年　海康宋　鑫編校　楊允逃
受業海康黃景星募印並對稿

漫興四首

日永柴門敞行吟忽忽還鳥啼時過樹雲出不離山有迹

投林茂無名入世間所親伴言笑常見好容顏

花間流水裏未算住凡塵習靜得微悟披書逢古人亦浮

紅樹艇側岸白雲巾取次觀元化垂綸滄海濱

談話優游此皆游戲余亦何求柳子再拜大笑而言一生

閱歷譚苦天孫僕當稱歲霞舉軒軒地多勝侶家是名門

自謂卓犖笑駒在轅獨探淵奧敀抉雛藩學驚虎觀氣奪

兎園賈晁衹坐屈宋齊奔貫穿經史考據根源國語可議

封建可論為文精悍欲息煩喧警其長老壓倒眾尊嶄然

頭角雲夢可吞王公爭識跌巖乾坤人疑天上智珠永存

氣雄一代誰謂愚昏勇於為人自投羅網比匿囚罴率連

朋薫萬里投荒眾仙拍掌蠻路崎崛峒丁愚莽桂嶺雖遙

柳山姑獎瀟水閒居鈷邱獨往山魅逢迎瘴烟供養八記

徒工一書難上苦逐鞭麾浪稱剌史拜跪才疏撫循政部

庚申本正文（广东省立中山图书馆藏）

目　录

【校勘记】

[一] 初印本、重刊本目录均无此题，据正文补。

[二] "滇阳峡"，初印本、重刊本目录均作"峨阳峡"，据正文改。

[三] 初印本、重刊本目录均无此题，据正文补。

[四] "宿"，初印本、重刊本目录均作"寂"，据正文改。

[五] "株洲"，初印本、重刊本均作"朱洲"，误。

[六] "扬帆"，初印本、重刊本目录均作"杨帆"，据正文改。

[七] 初印本、重刊本目录均作"雅集图"，据正文补。

[八] 初印本、重刊本目录均无"壬申潘伯寅张香涛……癸酉"诸字，据正文补。

[九] 初印本、重刊本目录均无此题，据正文补。

[十] "采石矶"，初印本目录作"来石矶"。

[十一] 初印本、重刊本目录均无此题，据正文补。

[十二] 初印本、重刻本目录中均无"一首"二字，据正文补。

[十三] "洪瀚崖"，初印本、重刊本目录均作"洪翰崖"，据正文改。

[十四] "瀚崖"，初印本、重刊本目录均作"翰崖"，据正文改。

〔十五〕"瀚崖"，初印本、重刊本目录均作"翰崖"，误。

〔十六〕"成"，重印本作"城"，误。

〔十七〕"瀚崖"，初印本、重刊本目录均作"翰崖"，据正文改。

〔十八〕"瀚崖"，初印本、重刊本目录均作"翰崖"，据正文改。

〔十九〕"瀚崖"，初印本、重刊本目录均作"翰崖"，据正文改；二者目录均无"仍"字，据正文补。

〔二十〕"瀚崖"，初印本、重刊本目录均作"翰崖"，据正文改。

〔二十一〕初印本、重刊本目录均无此题，据正文补。

〔二十二〕初印本、重刊本目录均无此题，据正文补。

〔二十三〕初印本、重刊本目录均无此题，据正文补。

〔二十四〕初印本、重刊本目录均无此题，据正文补。

〔二十五〕初印本、重刊本目录均无此题，据正文补。

〔二十六〕初印本、重刊本目录均无此题，据正文补。

〔二十七〕初印本、重刊本目录均无此题，据正文补。

〔二十八〕初印本、重刊本目录均作"又"，据正文改。

〔二十九〕初印本、重刊本目录均作"又"，据正文改。

〔三十〕初印本、重刊本目录均作"又"，据正文改。

〔三十一〕初印本、重刊本目录均作"又"，据正文改。

〔三十二〕初印本、重刊本目录均作"又"，据正文改。

〔三十三〕重刊本目录作"画者陈冬心求画并为题书"。

陈乔森和他的《海客诗文杂存》(代前言)

陈乔森（1832—1905），字颐山，又字木公，原籍广东省遂溪县椹川乡（现湛江市郊东海岛东山区），同治初年始迁居雷州府城（今广东省雷州市）。其父"由行伍擢外委"，故其"少而好驰马试剑，年二十余始折节读书"。"颖敏有夙慧"，广东学政殷寿彭巡视府学时，当场以《拟潘安仁〈秋兴赋〉》为题测试诸生，陈乔森下笔"如双鹄并飞，学使惊异之"；"值七夕招饮，即席试《拟柳子厚〈乞巧文〉》，洋洋数千言，援笔立就，酒未阑也，稿出，一日遍传于市"①。咸丰十一年（1861）中举人。同治元年（1862），进京参加会试，结果是名落孙山。虽然由好友潘存、邓承修等出资捐了个正六品的户部主事，又"非其好"，不久便辞职南归。其后，又在同治四年（1865）、六年（1867）和十年（1871），三度赴京应试，均"不得志于有司"。这期间，曾在广东巡抚李福泰府中任职，"一语不合，拂衣而去"，"终不肯一毫假借"。②

光绪甲申十年（1884）中法战争爆发，张之洞时任两广总督，彭玉麟以兵部尚书兼朝廷钦差的身份赴广东办理防务。两人"皆君故人，交章奏请，以君与潘先生同办雷琼团防，蒙旨奖四品衔"③。战争结束以后，陈乔森即辞职归乡。

陈乔森虽仕途坎坷，但在士林却赢得了巨大的声誉，人称"岭南才子"。他在京应试时，"遍交当代贤豪，一时才名冠辇下。若南皮张宫保、

---

① 杨守敬：《清故四品衔户部主事陈君墓志铭》，见本书附录。
② 同上。
③ 同上。

奉新许中丞、桐庐袁太常、顺德李侍郎，皆以国士期之"[①]。与清末民初杰出的历史地理学家、书法艺术家杨守敬是莫逆之交，与湘军名帅彭玉麟亦是"针芥尤合"[②]。

光绪二年（1876），陈乔森出任雷阳书院山长，主持雷阳书院直至去世。三十年间，"著录弟子数千人"，为广东，特别是湛江地区的文化教育事业作出了巨大的贡献。有《海客诗文杂存》等著作传世。

一

《海客诗文杂存》共五卷，第一卷至第三卷是古近体诗，第四卷是古近体题画杂诗；第五卷为杂文。其诗歌内容，可分为纪行纪游之作、咏史之作、酬赠之作、田园之作和题画诗五个方面。下面，就分别谈谈我们的阅读体会。

首先，说说纪游纪行诗

为了仕途，陈乔森在青壮年时期曾数度入京。在进京和返乡的途中，他先后到过广东、湖南、湖北、河南、河北、北京和山东、江苏、安徽、江西、福建等省市，足迹踏遍了半个中国。在这个过程中，他将自己的所见所闻所感所思摄入诗中，是我们形象地认识和了解他当时的心境心情的重要依据。如《浈阳峡》：

> 长风贯寒峡，五两不停飘。日隐层阴合，浈流逆去桡。排山束奔水，裂石插青宵。渔翁懒乘险，伐竹傍岩烧。

浈阳峡是浈水中的一个峡谷，由浈山、英山夹岸对峙而成，位于北江中游、广东省英德市区南十公里处。浈阳峡两岸奇峰耸立，峭壁险峻，水势汹涌，以其"秀、奇、险、幻"而闻名于世，是著名的游览胜地。自唐以降，有不少文人学士到此游览，留下不少赞美峡谷风光的诗篇。如盛唐

---

① 杨守敬：《清故四品衔户部主事陈君墓志铭》，见本书附录。
② 同上。

名相张九龄的《浈阳峡》诗,描写在故乡峡谷溪流中行舟的感触:"行舟傍越岑,窈窕越溪深。水暗先秋冷,山晴当昼阴。重林间五色,对壁耸千寻。惜此生遐远,谁知造化心。"颐山这首诗也写行舟峡中的感触,但侧重却有不同。开头两句写峡中的风,不仅大、急,而且是长吹不断。中间四句写山,写水。两边青山相对,直插天际,遮云蔽日;峡中的江水奔流而下,舟行水上,危险万分。结尾两句宕开一笔,写岸边渔翁。渔翁生活的闲适自在,与自己行路之劳苦艰险形成了鲜明而强烈的对比。

又如《株洲闻榔》:

> 水穷见落日,林邈升孤烟。鸣榔已中流,忽复犹渚边。知有狎鸥客,何处浮渔船?澄波杳无极,思满湘中天。

诗写在株洲听到鸣榔声所引发的故园之思。"鸣榔"就是用长木敲击船舷的声音,用以捕鱼,或为歌声之节。日落时分,诗人泊船湘江岸边,看到林中升起袅袅炊烟,听到江中和岸边传来阵阵渔歌之声,与自己往日在家乡看到和听到十分相似,恍惚之间仿佛又回到了熟悉而亲切的故乡。可实际仍是奔波在路途之中。末尾,"澄波杳无极,思满湘中天"以江中的"澄波"和"湘中天"等景物作结,境界阔大;自己的思绪随"澄波"而"杳无极",充溢江天之间无边无际,不明言思乡,而思乡之情无处不在。

陈乔森的纪游纪行诗不仅有思乡怀土之作,也有登临怀古之作。这些诗歌多是借古喻今,借古人之酒浇自己胸中之块垒。如《过耒阳》:

> 罗含宅畔尚兰芳,杜甫祠前几夕阳。不甚霜寒依五岭,最宜风雅接三湘。舟中白酒悬悬思,江上青山欸欸忙。莫以凤雏飞去后,县庭无客置壶觞。

前四句咏古,写人。罗含是西晋桂阳郡耒阳人。据《晋书》卷九二《文苑传·罗含传》所载:罗含年轻时博学能文,不慕荣利;为官以后,布衣蔬食，安然自得。"累迁散骑常侍、侍中，仍转廷尉、长沙相。年老致仕，加中散大夫。初，含在官舍，有一白雀栖集堂宇，及致仕还家，阶庭忽兰菊丛生，以为德行之感焉。"后来就有了"罗含宅里香"或"罗含菊"的典故，以比喻花主德行高尚。像李商隐的《菊》中，就有"陶令篱边色，罗含宅里香"的诗句。"杜甫祠"即杜甫墓，在耒阳一中校内。"尚兰芳"和"几夕阳"是作者的感受，暗含仰慕之情。"不甚霜寒"写景，"风雅"绾合今古，由人及己。

后四句抒怀，写己。"舟中"句写杜甫。据新旧《唐书·本传》载："甫客耒阳，游岳庙，大水遽至，涉旬不得食。县令具舟迎归，令尝馈牛肉白酒。"而今斯人远去，青山仍在，绿水长流，斯人的才华令人仰慕，斯人的遭遇令人唏嘘。"思"而"悬悬"，"欤欤"而"忙"，正见出颐山对杜甫的缅怀之深之切。"莫以"二句言志。"凤雏"指像杜甫那样的俊杰。不要以为罗含杜甫等远去以后，耒阳县庭就不需要置酒招待贤才了。

途经岳阳时，颐山诗兴大发，创作了《乘月过湖》《过君山》《洞庭湖》和《登岳阳楼》的诗作，抒发自己的感慨和伤感之情。如《登岳阳楼》：

> 楼头极目楚天宽，处处汀洲老蕙兰。七泽云停骚客远，九江涨尽洞庭寒。谁能民物关忧乐，不信文章解治安。行迹悠悠偶停楫，君山赢得倚栏看。

诗写登楼的感触。前四句写景，景中有情。"楼头极目"两句，是望中所见。"蕙兰"是高洁的象征，"老"有衰落、衰败之意；而"宽"则有空旷之意。"七泽云停"两句，是望中所感。"骚人"是指像屈原、孟浩然、杜甫，以及范仲淹这样的文人志士；"远"不仅仅是感觉自己与这些志士时代相隔久远，更是觉得与他们在精神和心灵上难以沟通，因此心中更觉郁闷。"寒"更是一种体验，一种感觉。后四句抒情，他不觉得民风民情与作者的忧乐之心有多大的关联，也不大相信文学作品能对政治清明和社会安定做出多大的贡献。"行迹悠悠偶停楫，君山赢得倚栏看"，君山之得名，与舜帝及娥皇、女英二妃有关，而倚栏看君山，无奈和伤感之情跃然纸上。

洞庭湖和岳阳楼是风景名胜之地，有着丰厚的历史文化积淀，自唐以降，迁客骚人多会于此，登览题咏，留下了无数的名篇佳作。而超群绝伦者，当属唐代孟浩然的《临洞庭上张丞相》、杜甫的《登岳阳楼》和宋代范仲淹的《岳阳楼记》。既然陈乔森《登岳阳楼》诗中提到了"民物关忧乐"，我们不妨就拿他的《洞庭湖》、《登岳阳楼》和《岳阳楼记》这两诗一文做些简单的对比：在写景方面，陈诗不像孟诗"八月湖水平，涵虚混太清"那样浩瀚和雄浑，"气蒸云梦泽，波撼岳阳城"那样广阔雄伟；也不像杜诗"吴楚东南坼，乾坤日夜浮"那样包孕日月星辰、气吞山河大地的博大；有的却是"万叶霜帆驾空永，一螺烟岛点波圆"的孤独和渺小之感，以及"楼头极目楚天宽，处处汀洲老蕙兰。七泽云停骚客远，九江涨尽洞庭寒"的陌生与寒冷。最为关键的是，在孟诗和杜诗中，物我是融洽和谐的，而陈诗中的物我是隔阂对立的。在抒情方面，陈诗也不像孟诗"坐观垂钓者，徒有羡鱼情"那样，满怀积极进取的期待；也不像范仲淹那样超越自我，将一己的悲喜之情抛开，高歌"先天下之忧而忧，后天下之乐而乐"；他内心有的只是对"民物关忧乐"和"文章解治安"的怀疑。当然，我们不能过多地责备颐山没有宽阔的胸怀和昂扬奋发的激情，因为，他没有赶上"圣明"的时代。

到襄阳，他又写了《入襄阳》、《游鹿门》、《登襄阳城楼》、《登文选楼》、《隆中诸葛庙》和《赠昭明台道士徐任》等诗作，抒发盛世难再，大志难酬之感。如《入襄阳》：

> 水深鱼知聚，林密鸟有归。车马控南北，丛山仍翠微。沉沦混耕桑，贤豪得所依。事随流水逝，心向闲云飞。因步不足投，旷怀焉可希。愧非壮士操，难与同忘机。北风撼长剑，晴日照征衣。吾道本龙蛇，何用生嘘唏。

前面八句，怀古。诗以比兴开头，"水深""林密"，暗中赞美襄阳地势优越，是豪贤之士理想的归宿之处。"车马"两句，写襄阳地理位置之重要。襄阳位于汉江中游，是湖北、河南、重庆和陕西四省市毗邻地区的中心城市，素有"华夏第一城池"和"兵家必争之地"的称号，诗用"车马控南北"五字概括，准确而精到。"丛山"句写襄阳的山。"翠微"是一种颜色，更是一种精神。一个"仍"字，为下文张本。"沉沦"两句，写古代豪贤，如庞德公，如诸葛亮，如山简，如孟浩然，他们或失意，或不得志，但不苟全性命，更不辱身降志，而是完形全节，随性而为。"事随"二句转折，古代豪贤之事已如流水逝去，只留下后人无限的仰慕与追思。

后面八句，咏己。"困步"四句，今昔对比，更是自己与古代豪贤对比，表面上是说自己资质顽钝，不能像古代豪贤那样，混迹"耕桑"之中，仍能保全自己的心志，实际上是讲现今的时代完全不同于古代，已经没有古时那样的社会氛围了。末四句，回归现实。"长剑"、"征衣"是自指，"北风"、"晴日"互文见义，冷暖交替也暗寓诗人的心情起伏难平。结尾两句，是解脱之词，自我劝解之中仍有无奈和不甘。

再看他的《隆中诸葛庙》诗：

> 言寻诸葛庙，骑马入云峰。两汉虽近古，人才无卧龙。赤帝草庐币，黄冠花院钟。榛苓异代意，聊复得从容。

首联，写进入隆中诸葛庙的目的，"寻"是核心。前句是"寻"的目的，他要寻找的，不是诸葛庙本身，而是一个时代、一种期待，是对于像刘先主那样的伯乐和那个时代的期待。后句，写"寻"的过程，只见层峦叠嶂，云雾缭绕。颔联，是"寻"的结果。字面的意思是说，今时的隆中，已经没有像卧龙那样的能治国安邦的杰出人才了，实际是说现今已经找不到像三顾茅庐那样的明主了，真乃是"千里马常有，而伯乐不常有"。颈联，今昔对比。当年先主三顾茅庐之处，如今成了道观，花草遍地，钟声阵阵，勾引起诗人的遐思无限。尾联，是感慨，也是期待。"榛苓"用典。《诗·邶风·简兮》曰："山有榛，隰有苓，云谁之思？西方美人。"孔颖达疏："山之有榛木，隰之有苓草，各得其所。"朱熹集传："贤者不得志于衰世之下国，而思盛际之显王，故其言如此。"后因以"榛苓"喻指贤者各得其所的盛世。期待盛世而不可得，只好不想，暂且以悠闲舒缓的心情待之。

当然，颐山也有抒发自信和心情舒畅的诗作。如《卢沟桥》一诗，就表现出迥然不同的情调与心情：

> 都城咫尺慰劳人，斗极平临认要津。瘦马过桥吾岂客，暖风吹雪意知春。弃繻未谓终童壮，对策曾思董子醇。踪迹南来半天下，可能利弊一敷陈。

诗写作者初次进京踏上卢沟桥时的感触和志向。前四句，写自己的感触。过了卢沟桥京城近在咫尺，进了京城自己的志向和抱负就可以得以实现，心中的激情可以想见。"暖风"和"春意"更是对自己的前程自信的外化和具化。后四句，写自己的才华。他以西汉时期年少而有大志的终军为喻，以上《天人三策》而得到汉武帝重用的董仲舒为标杆，可见其志向不小。尾二句，说他从天南之地来到京师，就是为了向当政者陈述对于时政的看法，可能会有些许用处，谦逊之中饱含着无比的自信。这首诗也是《海客诗文杂存》中仅有的充满自信，满怀期待的诗作，可谓是凤毛麟角。

由于科举失利，颐山在京师的生活较为单调，心情也很矛盾痛苦，他的不少游览、交友之作，就反映了这种心情。如《游西山失路三鼓后返至卢沟桥饮酒》：

> 揽胜穷幽险，重昏无路还。夜深猿鹤薮，秋凛月星山。涉涧苔时践，登崖葛屡攀。卢沟灯火在，酒店扣人间。

这首诗写作者游览西山的心情，有一个变化的过程。首联，写迷路的原因和心情。西山的景色太迷人了，他陶醉了，想要把这美景看够。不知道走了多久，也不知道走了多远，直到看不见路了，才发觉天已经黑了，自己也迷路了。

颔联，写夜间山中所闻所见。整个原野见不到一个人影，两旁是高山耸立无语，天空中星星和月亮闪烁不定，给人以阵阵寒意；山谷中传来猿啼鹤唳，凄惨惊心。

颈联，写他寻路的情形。涉涧、践苔，登崖、攀葛，表明作者走的不是寻常路，正是从无路处寻道路，其艰难困苦的情形，以及慌不择路的心情隐约可见。

尾联，写重新回到卢沟桥时的心情。历经千辛万苦，终于远远望见一丝灯火，卢沟桥到了，赶紧找一家酒店，先慰劳一下空空如也的肚子。再顺便打听一下时辰，已经过了三更。作者此时的心情，是惊喜，可能还有一点点后怕。诗歌描摹自己由陶醉到惊慌，到恐惧，再到喜悦的心情，生动传神。

作者另有一首歌咏西山的诗作《与杨心物上妙峰山书六百二十字纪之并索同赋》。开头先写他对西山的总体印象："西山拥神京，众峭尽臣仆。崔巍西山顶，万象愈完足。杨子荆州回，翩跹压尘俗。邀我脂轻车，百里沙树复。皇穹渐蔽亏，大觉荒广麓。人群蜂蚁旋，马縻车错毂。"接着写他与好友游历过程及所见："山多若波涛，舆稳如胪舳。岭断数峰连，峦起数峰伏。岩奓松响奔，壁路藓纹蹙。""或升百仞冈，或注千寻谷。"结尾抒写游览时的心情："众人求其求，因果自多福。吾人适其适，龙蛇忘起陆。争饶几触蛮，凿穷两忽倏。徒思千载名，忘羡八州督。拯世苦陷身，近宠讵远辱。何妨杜德机，更耻标才族。处处友樵隐，日日携被襥。庶以幽邃告，同怀导来躅。杨子尔好奇，作诗偕畅读。"

杨心物即杨守敬，清末民初著名历史地理学家、金石学家、目录版本学家、书法家和近代大藏书家。他二十四岁中举人，二十五岁开始进京应会试，七试皆不中，开始厌倦科名而专心著述。陈乔森与杨守敬可谓是同气相投，同病相怜。"争饶几触蛮，凿穷两忽倏"两句，用《庄子》"触蛮相争"和七窍出而浑沌死的典故，暗寓自己不通世事，不愿为蝇头小利而汲汲于世；可又不愿自己满怀才华空度日，更不愿放弃"拯世"的志向；欲进——中进士不能，欲退——归隐田园又不忍，进也难，退亦难，正是作者久处京师而无所作为之矛盾苦闷心情的真实写照。

陈乔森纪游纪行诗不仅有思乡怀归和登临抒怀之作，亦有关注社会现实和国计民生的诗歌。如《除夕新野旅舍作》写作者途经新野所见所闻，今天读来仍是触目惊心：

> 疲马少安蹄，冲途失平辙。荆豫本接壤，朔南连燕粤。厥土遍涂泥，禹画未能截。十步九颠顿，毂陷马骨折。朝食每亭午，夜宿望星月。况闻鼓角哀，盗贼久不灭。军书夹道驰，壁垒凭险列。诸侯守威重，郊野时蹀血。行人避荆棘，却踏豺虎穴。恐惧聊相将，前进更自决。历思乱离频，民心渐奸桀。

新野县今属南阳市管辖，位于河南省西南部，与湖北襄阳接壤，是南襄盆地中心，号称"百里平川"，物产丰富，商业兴盛。可经历战乱之后，却是民生凋敝，满目疮痍：道路损毁严重，车马难以通行；没有了林立的店铺和熙攘的人群，偶尔遇到一个旅店也是残破不堪。"朝食每亭午，夜宿望星月"描摹旅人艰难困苦的境况精妙生动。"行人避荆棘，却踏豺虎穴"，整个新野，已经没有一处平静安逸的地方。"行人"路过此地尚且如此艰险，当地居民的生存之艰难就可想而知了。

战乱给人民的生命财产造成的巨大破坏和毁灭是无法估量的，但这只是表面的看得到的影响。而战乱对人们心灵所造成的创伤，对于社会风气的不良影响则是隐性而持久。正所谓"仓廪实而知礼节，衣食足而知荣辱"，对于一个衣不蔽体、食不果腹，挣扎于死亡线上的人而言，要他讲求礼义廉耻，这无异于缘木求鱼。颐山敏锐地感觉到这些："历思乱离频，民心渐奸桀"，他不仅对于满目疮痍的情景痛心疾首，而且更担忧战乱使人们心灵所遭受的创伤。

他的《夜不抵驿投昆阳秀才家言年老丧乱适返所居晨雪》所描绘的见闻同样令人心惊：

> 春原事行役，景象何萧瑟。途多素冠履，野鲜完家室。暮鸟竞归飞，遗孽使心栗。天寒悲风来，回盼坠残日。石很水泉冷，云暗庄蹊失。星光照惨淡，前路黑于漆。……西畴绝男耕，南窗断女织。封狐

当昼啼，阴磷夜绕膝。妻孥半为鬼，岂复畏此物。道旁枫柳根，白骨
何人恤。有生宁不化，世乱至斯极。……贱子怯尪羸，排空少毛质。
枥马同不眠，荒鸡苦相聒。搔首东方明，扑户又雨雪。凄聆扣辕歌，
寒怜仆夫发，遥程稀乐土，万类久骚郁。

昆阳即今天河南省叶县昆阳镇，"新莽"末年的昆阳之战就发生在这
里。叶县和新野都属中原地区，都是物产富饶之地，而此时却是战火连
绵，百姓深处水深火热之中："途多素冠履，野鲜完家室"；"西畴绝男耕，
南窗断女织。封狐当昼啼，阴磷夜绕膝。妻孥半为鬼，岂复畏此物。道旁
枫柳根，白骨何人恤。"诗歌描写的社会衰败，民生凋敝之情形，与曹操
的《蒿里行》、《苦寒行》和王粲的《七哀诗》（西京乱无象），以及杜甫的
《自京赴奉先县咏怀五百字》、《北征》等有异曲同工之妙。

陈乔森反映当时社会现实，特别是民生苦难的诗作不多，但却是吉光
片羽。

其次，说说咏史诗

陈乔森的咏史诗有几个特点。第一，时间跨度大。从春秋战国时期的
范蠡、老子（《咏史》）、屈原（《读〈离骚〉》《湘阴吊屈大夫》），楚汉相争
中的项羽（《陔下夜闻楚歌行》）、刘邦（《读〈史记〉二首》其一）、韩信
（《淮安》《漂母祠》）、萧何、张良、陈平（《咏史三首》）；到魏晋南北朝时
期的诸葛亮（《隆中诸葛庙》《诸葛武侯庙》）、祖逖（《祖生闻鸡起舞歌》）；
再到唐代的李白（《太白祠》）、宋代的欧阳修（《吉安六一堂谒欧阳公》）、
苏轼苏辙兄弟（《雷阳怀古五首》）等，上下千余年。第二，涉及的范围
广。有历史事件，如燕昭王黄金台招贤（《登蓟丘》《燕中吊古》）、荆轲刺
秦（《读〈史记〉二首》其二）、澶渊之盟（《雷阳怀古五首》）；也有文物
古迹，如黄金台（《登贤台》）、铜雀台（《铜雀台》）、文选楼（《登文选
楼》）、滕王阁（《滕王阁》）、琵琶亭（《琵琶亭》）等；歌咏缅怀的对象，
既有现实中的人物，如屈原、战国四公子（《邯郸怀古》）、项羽、刘邦等；
也有文学人物，如唐传奇《枕中记》中的卢生（《题邯郸卢生庙》）；还有
传说中的人物，如露筋女（《露筋寺》）；内容极为丰富。第三，见解深刻。

对于历史人物,他不仅关注人物活动的轨迹,更注重探索驱使其行动的心理动因。对于历史事件,他能予以全面观照,透过现象看本质,发前人之未发,道前人之未道。

我们重点分析一下第三个特点。像黄金台和燕昭王这个题材,为历代仁人志士所关注,自魏晋以降,直至近现代,可以说是代不乏人,时有佳作。究其原因,燕昭王礼贤下士,招纳贤才振兴燕国的举动,正是后代文人心目中理想的标杆,此后很少有人企及,更谈不上超越。可以说,燕昭王的出现,犹如闪电划破历史的夜空,留下一道绚美而短暂的绚影,令人赞美,更令人怀念;因此,无数有志之士千古凭高,慷慨悲歌也是再正常不过的事情了。这些诗歌所表达的主题大都是对于建功立业的渴望,对理想的君臣关系的追求,感慨明君难遇。为什么像燕昭王这样的贤君明主却是寥若晨星,稀如凤毛麟角?似乎没有谁去探究。至于用名利地位作为鼓励臣下的筹码和手段,又有哪些负面影响?也无人去思考。

陈乔森这类题材所表现出思想和见识却非同凡响。他不仅关注和思索了这些问题,也给出了自己的思索的结果。如他的《登贤台》:

> 凭高一吊召公孙,致仕终能为道存。乱世君臣如此少,昔年王霸与谁论?狗屠沉醉看燕市,骏骨惊寒滞蓟门。比乐长吟在何等,黄金毕竟是私恩。

这首诗的前六句,与古诗所表达的主题无异,也是感慨人去台空,明主难遇,功业无成。但结尾两句"比乐长吟在何等,黄金毕竟是私恩",却不同凡响。它表明,陈乔森已经深刻认识到,燕昭王筑黄金台、招纳贤才的作法只是个人行为,而没有建立起一套完整的选贤任能的人才制度,没有形成合理的用人机制。没有完整的制度作保障,任何优秀措施的实际影响都是短暂而不能长久的,它会随着决策者的离去而烟消云散。颐山不但看到了明君难遇的社会现象,更是看透了明君难遇的根本原因。一百多年以前能有如此见识,我们不能不佩服。

他的《咏史》也是歌咏黄金台的:"荣利世所趋,人心日以靡。高台置黄金，招贤亦如此。"使人趋利，让人慕荣，看似判若云泥，但就本质而言两者并无二致，都是利用人性的弱点，以物质的或精神的利益引诱人们去追逐某一个或几个特定的目标。诗中的"趋"可以说是点睛之笔。"趋"有追求、追逐之意，它深刻揭示了所谓奖励——无论是物质还是精神——的本质。有了目标，有了追求，人就有了前进的动力，社会也会因此不断进步。但人又是贪婪、自私和妒嫉的，如若人们为了追求巨大的物质或精神利益而不顾一切，那就会败坏社会风气，引起道德滑坡。"人心日以靡"就是过度追求的后果。诗人的见解可谓是只眼独具，独到深刻。

又比如他对项羽、刘邦等的理解与评价，也同样精辟深切。陈乔森歌咏项羽的诗有两首：一是《垓下夜闻楚歌行》，一是《读〈史记〉二首（其一）》。先看《垓下夜闻楚歌行》：

> 秦鹿汗尽楚雏血，鸿沟翻举鸿门玦。英雄儿女死生心，楚歌茫茫惨星月。楚人楚歌奈楚何，七十余战劳干戈。韩彭为敌范增去，王与美人徒和歌。歌残浩落掷区宇，斩将阴陵复奚语？时不利兮江水寒，不面汉王不归楚。楚虽三户志报仇，嬴宗已颠死无苦。汉王天子气难降，彭城荥阳窜如鼠。

诗共十六句，可分为四层读。"秦鹿汗尽"四句为第一层，写诗人在垓下的感触。他夜行垓下，仿佛又听到了四面楚歌之声；仿佛感受到了项羽与虞姬在军帐中慷慨悲歌、生死诀别的场面。项羽在垓下陷于绝境，是因为他太轻信了：鸿门宴上轻信了刘邦的花言巧语，让其轻易溜走，种下了失败的祸根；鸿沟对峙，又轻信了和约的效力，引兵东归，终致惨败。

"楚人楚歌"四句为第二层，写项羽垓下被围的原因。因为不善用人，曾经的部下韩信和黥布等人，成了自己的劲敌；因为中了陈平等的反间计，亚父范增也离他而去；一生的无数次胜仗，换来的却是最终的惨败，令人感慨万端，唏嘘落泪。

"歌残浩落"四句为第三层，写项羽身处绝境之时的英勇表现。他高歌"力拔山兮气盖世，时不利兮骓不逝。骓不逝兮可奈何，虞兮虞兮奈若何"，与虞姬诀别。在敌人的重围之中，仍能从容地溃围，斩将，刈旗。仅对杨喜"瞋目而叱之"，对方便"人马俱惊，辟易数里"，真个是豪气干云。而他不向敌人屈服，不苟且偷生的气节，更是令人称道。

结尾四句为第四层，是对项羽的评价，项羽虽然兵败自刎，但他最终推翻了残暴无道的秦朝，报了国恨家仇，死而无憾；而他对虞姬的挚爱，对亲情的珍惜，更是令无数人肃然起敬。

《垓下夜闻楚歌行》写诗人对项羽的理解与评价，它以项羽最终败亡之地——垓下为切入点，以楚歌——即《垓下歌》为情感主线，感伤之情与惋惜之意贯穿全诗。"报仇"二字是这首诗的核心，是项羽生命的支点，也是我们理解和评价项羽的关键和枢纽。项羽是楚国贵族，楚国被秦国所灭，自己的祖父项燕、叔父项梁又为秦将所杀，因此对秦国是恨之入骨，他一生东奔西走，身经七十余战，为的就是"报仇"。他率江东八千弟子渡江西向，拔襄城，破东阿，斩李由，破釜沉舟，与秦军激战钜鹿，是为了报仇；弑义帝，杀韩王成，战田荣，击彭越，也是为了报仇。坑襄城；屠城阳；新安坑秦降卒；坑田荣降卒，"烧夷齐城郭室屋"；欲坑外黄十五岁以上的成年男子等，还是为了报仇。可以说，"复仇"已经在项羽心中形成了一个挥之不去的结。

纵观项羽一生，他的一切行为，都与复仇密切相关。如诛杀宋义，是因为在义军处于生死存亡的危机关头，他日"置酒高会"，"久留不行"，不"戮力而攻秦"，"不恤士卒而徇其私，非社稷之臣"。其实，这都是冠冕堂皇、摆得上桌面的理由，在项羽内心深处还有一个更为重要而没有说出口，或者是不便说的理由，那就是宋义的所作所为阻碍了他向秦国复仇的行动。

如果说诛杀宋义还有些许正义的话，那么，斩杀会稽郡守殷通的举动呢？殷郡守在陈涉起义之后，主动联系项梁叔侄起兵反秦，并欲委以重任，可见是深明大义之人。就是这样一位志士，还没有来得及施展自己的抱负，就被项氏叔侄斩杀于郡衙之中，很是无辜。项氏叔侄杀殷通的原因，太史公没有交代，学者也很少论及。个人以为，这还是复仇的心理在作祟：殷通是秦朝的官吏，就是自己的仇人，该杀。仇人的官员是仇人，仇人的部下和士卒是仇人，甚至是仇人治下的百姓也是仇人，都该杀，坑降卒，杀老弱，就是基于这种心理。非白即黑，非友即敌，项羽将复仇的行为普泛化了。

项羽不但将复仇行为普泛化，而且也极端化了。最为明显的例子就是灭秦以后，他"屠咸阳，杀秦降王子婴，烧秦宫室，火三月不灭；收其货宝妇女而东"。项氏此举，很多论者斥其残虐无道，这固不假，但从本质而言，更是一种大仇尽报的快意释放。正如泷川资言所说："项羽楚人，既失其祖，又失其季父，怨秦入骨。其入咸阳，如伍子胥入郢杀王屠民烧宫殿以快其心者，谓之无深谋远虑可也，谓之残虐非道者，未解重瞳子心事。"① 在项羽的心中，秦始皇是灭亡楚国、杀害他祖父项燕的元凶，秦二世是杀害他叔父项梁的首恶，但这两个人死了，无法直接向他们复仇，秦朝的宫殿和妇女财宝就成了项氏向秦始皇和秦二世复仇的替代品。这是典型的恨屋及乌，迁恨于人。

项羽的复仇情结一生都没有解开，这就决定了他始终是以个体而不是群体的方式去体验生命对象并决定自己的行为方式。这表现在用人方面，就是以与自己关系的疏密为准则。如分封诸王时，秦国降将章邯、司马欣和董翳等或有恩于项氏，或间接帮助项羽灭了秦国，因此就把富饶的三秦大地分封给了这三人。刘邦虽然先入关，却派兵把守函谷关，阻止项羽进入咸阳，自己欲"王关中"，故被分封到偏僻闭塞的巴蜀之地；田荣更是因为"数负项梁，又不肯将兵从楚击秦，以故不封"（《史记·项羽本纪》）。论者以为，这是典型的任人唯亲，意气用事，"也就是后来齐、汉、赵、九江等纷纷背叛项羽，让项羽疲于奔命而最后兵败乌江的根本原因"②。但在项羽的心目中，分封的标准只有一个，那就是在灭秦的过程中有没有跟随自己出过力，出多少力。

---

① 泷川资言：《史记会注考证》，转引自韩兆琦《史记笺证》二，江西人民出版社 2004 年版，第 598 页。

② 康清莲：《英雄气不短　儿女情更长——解析项羽的人格魅力》，《社会科学论坛》2009 年第 12 期下。

项羽以个体的方式体验生命对象的突出表现，是他对血缘关系的重视。这从他对范增和项伯两人截然不同的态度上可以明显地感受到这一点。范增在鸿门宴前，劝项羽对刘邦要"急击勿失"；鸿门宴上，"数目项王，举所佩玉玦以示之者三"，希望项羽当机立断，杀掉刘邦；鸿沟对峙，刘邦陷入困境之时，范增反对议和，劝项羽"急围荥阳"，趁机消灭刘邦。他的这些意见和建议对楚军来说无疑是正确的，但项羽要么不听不理，要么起疑心，最终导致范增负气离开，病死归乡的途中。

反倒是项伯，每每在紧要关头或明或暗地帮助刘邦。鸿门宴时，先是因为朋友的缘故泄露自己军中的最核心机密，继而邀沛公"旦日不可不蚤来谢项王"，再则又在项羽面前作说客，不让他发兵歼灭刘邦。鸿门宴上，在"项庄舞剑，意在沛公"之时，他"亦拔剑起舞，常以身翼蔽沛公"，使项庄无法下手。在项羽分封天下的时候，又是项伯接受了刘邦的贿赂，使刘邦得到汉中之地，为其日后收复关中奠定了基础。鸿沟对峙之时，又是他的"太公烹无益，只益祸患"一句话，使刘太公得以活命。用今天的话来说，项伯就是刘邦的卧底，无论从哪方面看，他的这些意见和建议对项羽来说都是致命的，可项羽却偏偏就相信了，而且都照办了。将良言当苦药，将毒药作补品，旁人看来，西楚霸王真是糊涂透顶，但项羽内心却"清醒"得很：范增是亚父，项伯是亲叔父；亚父是外来的，无论再好也不可能是真心；而叔父是骨肉至亲，无论怎么也不会祸害自己的亲侄子。

说了项羽的复仇，我们也该说说他的真挚与柔情。因为在项羽的心中，不只是充满了仇恨，也装满了爱。强烈的复仇心理源自对自己亲人和朋友的挚爱，对仇人的恨有多深，对亲人和朋友的爱就有多深。在项羽那里，爱和恨是对等的，对仇敌恨到无以复加，就代表着他对亲友爱到无以复加。垓下被围，身陷四面楚歌之中，他仍对多年一直陪伴在自己身边的虞姬和跟随自己浴血疆场的乌骓马牵肠挂肚，放心不下，其情其景，感人至深。千百年来，人们每每读《垓下歌》，都会回肠荡气，潸然泪下。

说到项羽，便不能不提刘邦。这两位政治上的对手，他们的性格迥异，一个情重于理，一个理胜于情。一个待人坦诚，讲信用；一个处事机敏，为达目的可以牺牲一切。俗话说得好："疾风知劲草，危难见真情"，而刘邦缺少的，恰恰就是真情。他总是在危难时刻只想自己逃命，从不管别人的死活。彭城失败以后，为了逃命，他三番五次地将自己的亲生儿女推下车去；荥阳被围，为了自己脱身，又让纪信装扮自己带两千女子送死。桩桩件件，真情丧尽，人性全无，诗人对此是极为鄙夷和不屑的。"汉王天子气难降，彭城荥阳窜如鼠"，正是这种情感的直接反映。

作者歌咏项羽的另一首诗作《读〈史记〉二首（其一）》，则是刘项并举且憎爱分明：

> 阿旁一炬可韬兵，栈道西来又战争。弑帝有辞工服敌，烹翁何事欲分羹。虞歌戚舞皆遗恨，隆准重瞳岂并生？天授自增龙虎气，剧怜本纪冠西京。

这首诗中，诗人对项羽颇有微词，如"阿旁一炬可韬兵"，以及"弑帝有辞工服敌"等。平心而论，项羽这些事情做得也确实不地道，但相比之下，项羽在亲情方面不知强过刘邦多少倍。刘邦在亲情方面为人所诟病的行为很多，最为突出的除了前诗提到的"彭城荥阳窜如鼠"之外，还有本诗的"烹翁何事欲分羹"和"虞歌戚舞皆遗恨"。不可否认，刘邦在说"吾翁即若翁，必欲烹而翁，则幸分我一杯羹"的时候，虽稍嫌无赖，但却有些无可奈何，还情有可原；但他对戚夫人和刘如意母子的所作所为则是彻头彻尾的无赖——不负责任，敢做不敢当，只享受胜利的成果和喜悦，不承担失败的结果与痛苦。在换太子这件事上，刘邦是主要责任人，是他认为刘盈不像自己，不愿"使不肖子居爱子之上"。当最终觉得这个目标实现不了的时候，只是用"我欲易之，彼四人辅之，羽翼已成，难动矣。吕后真而主矣"几句话，就将天大的事情轻轻带过；用"鸿鹄高飞，一举千里。羽翮已就，横绝四海。横绝四海，当可奈何！虽有矰缴，尚安所施"这几句歌词安慰一下悲伤欲绝的戚夫人就算完事。这表面看是很多情，但骨子里是无情和绝情，这正应了那句古语："无情最是帝王家"。

其实，诗人不仅是将项羽与刘邦对比，也拿项羽和张良对比："苍凉柳塞暇游坯，狙击难言力士椎。五世尽韩臣子义，千秋称汉帝王师。志完自可祠黄石，储定何须扰紫芝？太史好奇语茫渺，云松落落古今疑。"
(《咏史三首·张良》)

在当时的反秦志士中，张良的出身、志向和经历，与项羽颇有几分相似之处：两人都是六国贵族之后，都是集国恨家仇于一身，早年都立志于消灭强秦。但二人又有本质的不同：张良能求新，求变，而项羽则是一条道走到黑。留侯的一生，可分为两个阶段：复韩和辅汉。早年，"弟死不葬，悉以家财求客刺秦"(《史记·留侯世家》)，以大铁椎在博浪沙狙击秦始皇；以及游说项梁立韩成为韩王，自己为韩国司徒等，是第一个阶段，可称为助韩复国时期。对此，前人是称赞有加："张良从沛公，盖欲为韩报仇也。子婴诛而韩王成立，则复辞汉而为韩，万世之下，称其不忘故主之义。"①

韩王成遇害以后，留侯的人生进入到了第二阶段：辅汉。这一阶段，张良的最大功绩，不在于他为刘邦击败项羽所筹划的种种计谋；而是在刘邦听信郦食其的建议，准备"复立六国之后"的紧要关头，他力陈此举的七宗弊病，及时予以劝阻。由全力复韩到坚决反对分封，是因为他深刻地意识到势已不可为矣。正如先贤所言："良之起本为韩报仇，故尝说项梁立韩成为韩王。而此时则力阻高祖立六国者，知六国已无可为也。此良之所以为智也。"②

张良的复仇行为也可分为两个阶段：遇到圯上老人之前，是斗力阶段，属于自发的个人行为。遇到黄石公之后为第二阶段，他不再凭个人之力、以狙击刺杀的方式反抗暴秦，而是投入到反秦的大潮之中，用智慧来实现自己报仇复国的目标。从以个人之蛮力复仇，到用群体的智慧和力量复仇；由极力复韩到力阻分封；张良的成功得益于他能因时而变和顺势而为。而能因时而变和顺势而为则源自他的聪慧和睿智，源自他深厚的人生素养。项羽的最终失败，在于他倔强到底，至死不悟。将项羽与张良对比，更多的是表现出诗人对项羽性格急躁，为人鲁莽，一味蛮干的不满和

---

① 凌稚隆引何孟春语，见韩兆琦《史记笺证》六，江西人民出版社2004年版，第3504页。
② 杨树达语，转引自韩兆琦《史记笺证》六，江西人民出版社2004年版，第3510页。

批评。

品读《陔下夜闻楚歌行》和《读〈史记〉二首（其一）》等诗作，我们觉得诗人陈乔森对待项羽和刘邦态度的差异极大：对项羽是同情多于憎恨，赞美多于责备，称许多于贬责，回护多于批评；而对刘邦则恰恰相反。他的评判标准，是基于诚信与真情。项羽是失败的英雄，但他对亲情的珍视，对亲友的挚爱，以及他的诚信与真诚，都是为人的基本准则。千百年来，人们赞扬他，称颂他，就不只是对失败者的同情，更是对世间诚信与真诚的欢呼和期盼。而真情与挚爱又是整个人类存在的基础，也是社会发展的动力之一，社会如果没有了真情与挚爱，那就只剩下了杀戮和虚伪，人们如何在这样的社会环境中生存，则是无法想象的。

其三，说说酬赠诗

读陈乔森的酬赠诗作，笔者最初的感受有两点最为突出：第一，是时间长。第一卷中有一首《柬衡阳县令》，当作于同治元年（1862），作者第一次赴京应试途中，时年三十一岁。第三卷另有一首酬赠之作，题目为《文泉同年来亭榕垞出其七十自寿诗见示仍用原韵为赠并索绘图余为作香山九老图录其诗步其原韵答之时余年七十文泉年已七十四矣》。作者写这首诗时，已经七十岁。从三十一岁到七十岁，时间跨度有四十年。而且，《文泉同年来亭榕垞出其七十自寿诗见示》还不能确定就是作者最后的酬赠之作。

第二，是长篇幅的诗作多。《海客诗文杂存》中诗歌篇幅一般不长，多是几十个字。可酬赠诗中，百字篇幅以上的有二十多篇，占他长篇诗作的绝大多数。像《寄黄今山五十韵》有 500 字，《赠吴莲裳四十二韵》有 420 字，《古榕树今山同作》有 500 字，《大雪与陈郎山饮元龙楼》有 420 字，而《与杨心物上妙峰山书六百二十字纪之并索同赋》更是多达 620 字。究其原因，一是酬赠的对象或为自己敬仰的前辈，如陈丽秋；或为知己好友，如邓铁香、彭玉麟、黄今山，以及潘孺初等；在给这些人写诗的时候，完全可以直抒胸臆，尽情表达自己的期待与失望、痛苦和欢乐、郁闷和压抑之情，非长篇不足以尽兴，尽情，尽性。二是有些酬赠之作，全是为了应酬，如《陈小田邀饮谢公祠赋夹竹桃继云辇和原韵》等，不用长篇，不足以彰显自己的才情。

研读陈乔森的酬赠诗，可以更为深刻地把握和体会其心路的历程。像赴京途中，有不少的酬赠诗作就表达了对故乡的思念之情。如《柬衡阳令》诗：

> 期登南岳顶，来泛湘上流。六月传消息，孤蓬苦滞留。关津更物候，风雪入衡州。楚客看停棹，舟人尽裹裘。天高猿啸绝，峰回雁飞愁。拔火残僧寺，开云吏部楼。兴穷杯酒里，心绪复悠悠。

诗写自己在衡阳的处境和心情。他对南岳衡山向往已久，到了衡阳，想到夙愿得偿，心中自然高兴。可风云突变，大雪纷飞，"楚客看停棹，舟人尽裹裘"，这是他始料未及的。纷飞的大雪打断了他的行程，也浇灭了他攀登的热情。孤身远游，又突遇灾害的天气，无奈更无助。"天高猿啸绝"一句，很容易使人想起杜甫写"风急天高猿啸哀，渚清沙白鸟飞回"时的心境。他给衡阳令写信，是为了向对方倾吐自己郁闷的心情，还是渴望对方给予一定的帮助？或许，两者都有。

陈乔森的仕途很不顺利，因此，长安米贵、帝都难居就成了他心中挥之不去的阴影、化解不开的情结，成为他诗作中一个重要的主题，这在其酬赠之作中特别突出。如"自到京师积日月，坐无长策生涯仍。贱性僻野礼节简，高轩即过焉敢承。意气胶漆二三子，大半穷窘归春塍"（《大雪与陈朗山饮元龙楼》）；"我游燕京积日月，端居无事多郁陶"（《癸酉九月陪周杏农学士登毗卢阁》）；"我心久寄天尽头，镜里看霜云鬓秋。频年坎壈才已尽，活色写生非所求。成龙作浪英雄老，广平梅花混蓬葆"（《陈小田邀饮谢公祠赋夹竹桃继云礜和原韵》）；"惟我独惆怅，一日如三秋。长安不易居，万里同为客"（《送何翼臣往徽州》）；"索米长安笑臣朔，何如彩霞观赤城"（《送李爽阶令天台》）；"五度来京华，久旅谁所饵。帆危溟渤沧，彀倦居庸翠。行藏两无取，体貌日憔悴。君行我尚留，鸡肋诚难弃"（《送李小岩南还》），等等，不一而足。我们看他的《与邓铁香比部闲话》：

　　楛散消磨旧岁华，故人大半已宣麻。光芒岂必陵牛斗，神骏还甘让渥洼。云立几看关外树，雪眠时梦岭南花。君真鲍叔能知我，日日闲轩共煮茶。

　　邓铁香即邓承修。邓承修（1841—1892），字铁香，小字德安，号伯讷，清代归善县（今广东省惠州市惠阳区）淡水人。1861 年举人，历任监察御史、给事中、掌印给事中等职，以大胆谏言，弹劾不避权贵见称，有"铁面御史"之名，长于书法，著有《语冰阁奏疏》。与陈乔森、潘存、杨守敬为至交。

　　这首诗作于京师。先以对比开头，"楛散"比喻自己不为世用，投闲置散，这是现在，亦是现实；"旧岁华"是以前，是理想；这是句中对比。"宣麻"亦是用典。唐宋拜相命将，用白麻纸写诏书公布于朝，称为"宣麻"，后遂以为诏拜将相之称。这两句是自己与故人对比。陈颐山年少成名，入京后又"才名冠辈下"，被众名士"以国士期之"①，因此，他自信满怀，以为功名可立就："我昔初来时，意气一何盛。怀古登金台，去欲干万乘"（《别邓铁香》）；可名落孙山的结果却是他始料未及的，理想与现实、自己与故人的反差之大，令人难以承受。

　　颔联紧承前意，又为自己的处境开脱。"渥洼"本是传说产神马之处，亦代指神马，似与"神骏"含义重叠。但清代刘大櫆《与李侍郎书》中有"盖伯乐过渥洼之渚，而马群为空"之句，准此，则"渥洼"中的神马当是遇到伯乐之神马，比喻前句之"故人"；而"神骏"是自指。同样是千里马，遇不遇伯乐，结果自然迥异。有此认知，就不用豪气冲天了，也不必耿耿于怀。

　　颈联宕开一笔。"关外"指京城以外的地区。"立看关外树，雪梦岭南花"是写景，更是思乡。尾联照应题目，以春秋时齐国之鲍叔比邓承修，见出二人交往之诚挚无私。在困顿之中能有如此知己伴陪，人生足矣。

　　陈乔森的酬赠之作涉及当时社会生活的许多方面，所表达的意趣和情

_____

　　① 杨守敬：《清故四品衔户部主事陈君墓志铭》，见本书附录。

感也各不相同,在与三五知己——如彭玉麟、潘存等酬唱之时,则多是敞开心扉,无话不谈。

如彭玉麟与陈乔森,两人不仅都画梅爱梅,都有梅的品格与气骨;更因彭玉麟不慕荣利、甘守清贫的节操,不畏权贵、清廉刚直的秉性,与陈乔森"终不肯一毫假借"、"龙性难驯"的刚直个性息息相通。也正因如此,《海客诗文杂存》中写给彭玉麟的酬赠诗最多,共 8 题 18 首。如《题彭雪琴画梅》诗称赞彭玉麟所画梅花如冰雪般冷艳,如明月般皎洁:"竟肯为我写真态,何自唤得雪月媒。瑶姬窈窕曳珩佩,老蛟为御朝蓬莱。星辰满饕心铁石,妩媚乃尔真奇哉!世眼之外此高格,苟属摩拟成尘埃。静思下笔叹妙绝,非能知画能知梅。但看稍暇画梅手,虬株岁岁傍檐栽。"咏梅,亦是赞人;写彭玉麟,亦是写陈乔森。其《濡须坞访彭雪琴宫保不遇》写道:

> 长剑低垂客子孤,振衣飘然归旧庐。中流有人冰雪质,高义远动
> 天王都。我欲寻之濡须坞,碧波浩荡连山隅。霓旌灭影却千里,剧谈
> 惟有渔樵徒。孙郎陈迹几废垒,颓云落日横江湖。功名富贵那可久,
> 武陵桃花何处无。时危圭组逼豪俊,坐教白发盈头颅。我生放旷轻万
> 事,何为忧愁空踟蹰。浦树渐微凫鹜散,海潮欲生猿狖呼。夜来且醉
> 同行月,天风飒飒吹登舻。

诗歌抒发了诗人寻访好友不得的心情,可分为五层意思。"长剑低垂"四句为第一层,写自己辞京返乡途经濡须坞,自然而然就想起了好友。"冰雪"和"高义"是对彭玉麟的认知和评价。"我欲寻之"四句为第二层,写他寻访挚友所见。来到濡须坞,只见到连山的碧波荡漾,看不到军中的旌节仪仗,只有渔夫樵夫在开怀畅谈。"孙郎陈迹"四句为第三层,是作者的感慨。濡须坞是三国时吴主孙权为防备曹军入侵而修筑的军事要塞,如今已成陈迹,只有落日残云。对比濡须坞,人间的功名富贵又能持续多久?与其苦苦追求转瞬即逝的功名富贵,不如归隐田园,享受宁静安逸的生活。"时危圭组"四句是第四层,描摹自己心情的矛盾。时局危难,

自己有责任，也有能力站出来为国为民作些贡献，可多年来，一直是空度日月。"坐教白发盈头颅"一句，抒发内心之痛苦，欲放还收，似露似隐，读来震撼人心。结尾四句为第五层，写访友不遇后归途中所见的景色。坞口边上的树木慢慢看不见了，只传来阵阵的海涛之声；水面上不见了鹅鸭的踪影，山中传来猿猴的鸣叫声。归途中陪伴自己的，只有天空的明月和地上的长风。

这首诗，题目是访友不遇，内容多是寻访途中所见之景物和自己内心的感慨。它以孙郎陈迹反衬功名富贵不能长久，似乎是在否定功名；可艰危的时局和远大的抱负使他不能放弃功名，而考场的困顿更促使他更愿以功名来证明自己的才华。"忧愁空踟蹰"正是他当时内心矛盾的真实写照，为什么会如此？作者是在问别人，也是在问自己。

以访友为开端，以登舻结尾，访友的行程贯穿始终。而支撑全诗的核心，则是诗人的情感历程。作者深刻意识到功名富贵不能长久，可又不愿意就此放弃，这就是情与理，知与行的矛盾。诗的结尾，飒飒长风不停地在吹，而诗人心中出与入、仕与隐的矛盾似乎还没有完全解决。

颐山与潘存的酬赠诗作有 6 首，同样是推心置腹，但所表达的情意与赠彭玉麟诸作有别。如《赠潘孺初》：

> 落落惟君许岁寒，计君十载客桑干。忧愁恒欲吟诸将，屯塞何曾系五官。赤手难施须纵饮，白头旋及庶加餐。男儿半百无多日，平地神仙有达观。
>
> 大荒我忆跨麒麟，误入名场三十春。太乙青藜惭汉世，女娲黄土作唐人。未能偕隐谁招隐？正是迷津欲问津。天下事原为不尽，古来英雄半沉沦。

孺初即潘存。潘存（1817—1893），字仲模，别字存之，号孺初，琼州府文昌县（今海南省文昌县）铺前镇港头村人。咸丰元年（1851）中举人，与李慈铭、陈乔森齐名，号称"三才子"，是晚清著名的诗人和书法家。

　　这两首诗，前一首诗说潘存。首联，写潘存的品格和处境。"岁寒"与"客居"，品格与尘世，形成了巨大的反差。颔联，说潘存的心境。他才能杰出却沉沦下僚；内心愁苦，仍然关心国事，时常吟咏杜甫《诸将》等诗作。颈联，是对潘存的劝慰之词。期望他不要挂怀仕途，愁苦多了，会加快衰老。与其烦闷愁苦，还不如开怀畅饮，多加餐饭。尾联接上联意思说，年已半百，来日无多，放开心怀，就会逍遥自在。

　　后一首诗说自己。"大荒"指荒远的地方；"麒麟"喻杰出人才；"名场"指科场。言自己虽然来自岭南地区，但胸怀利器，志向远大；可踏入科场三十年，却一直蹉跎蹭蹬，坎坷难行。这里，理想与现实、人才与科场又形成了强烈的反差。颔联承前意。"太乙"指天地宇宙，"青藜"借指苦读之事，也指读书人，这里是作者自指；"汉世"、"唐人"借指诗人所处的时代。说自己多年苦读，一无所为，很惭愧处在这个圣明的时代，这是正话反说。颈联，借用典故写自己的困扰与探寻。"偕隐"、"招隐"，"迷津"、"问津"，形象而生动地描绘出诗人当时欲进不能，欲退不甘的心境，极为传神。"招隐"，即征召隐居者出仕。无人"招隐"，正是对所谓汉唐盛世的反讽。尾联是解脱之词。天下大事多不能尽如人意，千古以来，英雄豪杰大多困苦沉沦。这虽为解脱之词，却点明了杰出人才备受压抑的残酷事实，有笔笼万古之力。

　　两诗的重点各有不同，却又相互关联，赞美朋友，也是赞颂自己；劝慰朋友，也是劝慰自己。

　　陈乔森另有调侃、戏谑之作，虽然不多，却别具情趣。比如《戏柬黄质夫》：

　　　　弄瓦平生事，情殷坦腹床。硁硁丈人石，欵欵女儿箱。今雨来踪少，因风寄语长。岂知荆布美，百辆送文鸯。

　　这是一首祝贺友人生女的诗作。"弄瓦"指旧时代女子所从事的针织女红等家庭劳作之事。"弄瓦平生事"表面上是说干家务是女人一辈子的事，而暗含的意思是说女孩子终究是要嫁人的。而父母最大的心愿，就是期望女儿能一辈子幸福美满，而这最关键的问题就是选一个好女婿。"情殷"一词慕写这种心愿，生动传神。在那个时代，女儿出嫁时的陪嫁是一件大事，有不少人家为此操劳多年。"硁硁"是行走之声，"欱欱"为叹气之声。"硁硁"与"欱欱"，"丈人石"与"女儿箱"两两相对，推想友人为女儿准备嫁妆奔忙劳苦的情形，生动有趣。颈联"今雨来踪少，因风寄语长"宕开一笔，表面上是写因为风雨的缘故，朋友之间来往的少了，但诗人对友人的挂念之情依然如故，通过风雨寄去自己的殷殷情意。尾联正是自己对友人的嘱托之语：不用为女儿的未来操太多的心思，也不要为嫁妆费那么多的劲，只要有了好的人家，女儿将来即便是布衣荆钗，也依然美丽；即便是粗茶淡饭，也依然幸福。虽有调侃，更多的是理解和关切。

他的《画芍药调连平州彭嗣赓时来雷觅逃妾也》一诗更有意思："曼殊娇小弄韶华，难在丰台作小家。人面桃红皆不见，空开芍药石边花。"前两句说，逃妾正在青春年少之时风华正茂，不愿意在大户人家作小妾。后二句借画说事，如今不见了如花似玉之美人，只有芍药花在石头边寂寞地盛开着。诗中充满了对朋友家庭不幸的理解和劝慰，但更多的是对于逃妾的理解和同情。

《海客诗文杂存》中，有两首与外国友人交往的诗作，我们可以藉此略窥当时中朝交往的情形，值得一读。其一，是《题朝鲜使臣梅花图》：

> 朝鲜远天末，风闻洪范存。岂知三韩表，复有罗浮村。野槮夜腾光，纯气含乾元。重荒断人迹，蠡蠡千年根。得之乃无价，求者蜩螗喧。谁怜严寒枝，冰雪舒春温。松间使者家，梅花作篱藩。仙云延静伫，幽月开黄昏。情怀藐姑射，欲语常忘言。应载孤山诗，岁暮离中原。相随坐台石，索笑倾清樽。

诗有四层意思。开头先说朝鲜使臣虽身处天末，但深得中国文化的精髓画梅的技艺高超。

接下来，"野槮"八句写梅花的精神和品格。"野槮"四句正写。"野梣"指梅花，"纯气"是纯真之气，"乾元"是天地元气。梅花在夜间发出光芒，饱含着天地元气和纯真之气。这是作者心灵的感受，没有梅的品格就没有如此感受。"重荒断人迹，蠹蠹千年根"，更是说此梅超凡脱俗，尘世难寻。"得之"四句是反说。使臣所画之梅花虽然受到热捧，但世人并不能真正认识和理解这些梅花所蕴含的精神价值和魅力。梅花的"严寒枝"能在冰天雪地中"舒春温"，这正是其精神价值和魅力所在。

"松间"四句，写使臣本人的情操。诗歌没有正面描绘，而是通过他居住的环境侧面加以表现。用"松间"、"梅花"、"仙云"和"幽月"等景物来衬托使臣高尚的情操，而"情怀射"两句，更是将使臣"肌肤若冰雪，淖约若处子"高洁形象刻画地栩栩如生。使臣的画品不粗俗，而他的人品更高尚；有此高尚的人品，方能创作出高洁画作。

结尾四句，写离别之情。"孤山"是杭州西湖中的一座小山，林逋曾隐居于此，种梅养鹤，世称孤山处士。"孤山诗"指林逋的《山园小梅》，也指朝鲜使臣的高超技艺。使臣将要离京回国，对于同是画家且酷爱梅花的陈乔森而言，其内心的惆怅与难舍是不言而喻的。末二句含笑对酌，以乐情写悲情，情韵绵长。

其二，是《送朝鲜使臣归国次其席中留别原韵》："分封依旧访畴先，王会图中浩荡天。雅宴独瞻专对选，来宾幸际中兴年。九苞画凤宜频集，五蜇师龙未暇眠。接壤青营仰屏翰，皇华归去谧周边。"诗写于为朝鲜使臣归国饯行的宴席之上，称颂朝鲜使臣才华卓绝，期望他为两国的睦邻友好多作贡献。

其四，说说田园诗

陈乔森归隐田园，有些被迫和无奈，他心有不甘，失落的心绪在田园诗作之中时有流露，一些特殊词语——像"夏"、"秋"、"晓"、"夜"、"晚"，以及"落花"、"落叶"等作诗题的比较多，如《夏日漫书》、《末伏始获大雨快然》、《立秋日早起》、《秋雨》、《秋兰》、《秋末》、《丁卯中秋》、《晓感》、《晚凉》、《晚眺》、《夜渡归》，以及《风雨》、《落花》、《落叶》等，这些与时间有关的词语频繁出现在诗歌题目之中，表达的是时不我待的紧迫感，蕴含着身不由己的不甘与无奈。

我们看一些具体诗作。如《晓感》诗，写早晨的感受，只有一个字，就是"愁"。前四句借景写愁："愁心何处起，一夜又将阑。檐雨泻残夜，窗风吹薄寒。"先以设问点出"愁心"；接下来，以景作答，写愁形：天将晓，夜未眠，雨未歇，风送寒，无一字写愁，但愁却无处不在，无时不有。后四句写愁因："艰难常念友，学问未忘官。咄咄空期许，东山卧谢安。"时事多艰，亲友会难，志向远大，难以实现。结尾以东晋名相谢安自喻，志向之高远可略见一斑，而壮志难酬的苦闷更是痛彻心肺。又如《立秋日早起》：

> 窗牖讶微白，开门花气浮。数星送残夜，一雁报新秋。寒暑今晨判，关河平昔游。乡居亦惆怅，不独仲宣楼。

诗写立秋日的感触。前半写景：诗人清晨醒来，看到窗纸微微发白，打开房门，感觉阵阵花香扑面而来，抬头看到天上的残星尚未落尽，远处传来大雁的鸣叫声，作者才明白，秋天到了。这四句，从屋内到屋外，从地面到空中，由视觉到嗅觉，再到听觉，从繁到简，由模糊到清晰，将自己秋日所见所感表达地淋漓尽致，不言情而情自在其中。

诗的后四句是抒情。"寒暑"两句宕开一笔。秋日的到来，会带给人们舒适的感受，作者却由此感受到了时光的流逝。"关河"是关河山川，这里当是借指自己早年在外地为追求理想而奔波的经历，他抚今追昔，感慨万端。

末尾二句点题。仲宣楼即今湖北省当阳县城楼。汉王粲（字仲宣）于此楼作《登楼赋》，后遂成为典故，借指游子思乡。王粲是流落他乡，登楼远眺，感慨万端，故而写《登楼赋》，抒发自己的无限思乡之情。作者的惆怅，不是思乡，而是怀念京师，这是典故的活用。这首诗中还有一个意象也应特别注意——大雁。大雁是候鸟，春来秋往，每年都在迁徙，在追寻适合自己生存的栖息地。作者以大雁自喻，暗示自己虽然安居家乡，身体找到了栖息地，但心灵还在路上，还在寻找合适的栖息地。

家居使人惆怅，外出亦令人伤感。他的《登城》诗就抒发了登高望远的感伤之情：

> 重闉高不极，独上望人寰。窜堞苍狐速，浮隍白鸭闲。成行晴野
> 树，无际夕阳山。旧迹中原遍，烟云杳霭间。

首联点题。"独上望人寰"中的"独"和"望"是这首诗的核心，不可轻
易放过。颔联和颈联，写望中所见：抬眼近观，苍灰色的狐狸从城头窜
过，白色的鸭群漂浮在护城河中。举目远眺，晴空万里，成行的绿树与青
山相接，无边的青山远达天边，天边的夕阳，给整个大地染上一层桔红；
无际的青山原野，天边如血的夕阳，引起了作者无限的遐思。尾联写自己
的感慨，照应开头的"独"字。早年，作者也曾遍游中原，期望能在政治
上大有所为，可时光如梭，多少年过去了，仕途上还是一无所成。回想旧
时行迹，恍惚迷离，如梦如幻，如烟似云。

仔细体味诗人当时的心情，他可能是心中有无限的烦恼，登上雷州城
墙，想要藉此排遣心中的烦闷，可是，他所看到的一切，反而更增加了心
中的烦闷。苍狐、白鸭和绿树，或动或静，有言无言，都各有所得，各有
所归；两两相较，更引起自己无所得，无所归的孤独之感。而大地、青山
和夕阳，更增加了时光如流，一无所成的失败感。可见，这"独"是心灵
无所归宿的孤独，是精神上无所成就的孤独。

随着时光的推移和年龄的增长，陈乔森的心境逐渐平静下来，慢慢地
适应田园的隐居生活，创作了不少歌咏田园生活，享受美好时光的诗作，
如《出庐外垂钓》诗：

> 长夏无炎暑，茅茨大壑西。径为蕉叶碍，门与稻花齐。聚咽青蝉
> 小，争飞白鹭低。前陂一夕雨，垂钓水平堤。

诗的首联点题，写自己隐居的地点和气候特征。茅茨，是茅草盖的屋
顶，这里用以谦称自己的家。大壑，是大海的意思。雷州市在雷州半岛的中
南部，它的城区靠近东海岸，正在大海的西边。湛江"属热带、亚热带季风

气候，因有海风调剂，夏无酷暑，冬无严寒，气候温和，雨量充足"①。这两句，客观的叙述之中蕴含着对家乡的热爱之情。

颔颈两联，写居处的自然环境。"径为"两句写植物，茅庐周围的芭蕉树长得非常茂盛，枝叶遮盖了路面；门前的稻田丰收在望，晨风送来阵阵花香。"聚咽"两句写动物，青蝉和白鹭上下翻飞，空中传来了阵阵鸣叫声。这四句，选取几个典型的场面，由静到动，从植物到动物，从地面到空中，一切都是那么自然清新，自在自由，充满着无限生机。

尾联点题。夜雨过后，池塘水满，与堤岸齐平，正是垂钓的好时机。诗写得惬意，而诗人心中的舒适愉悦之情更是溢于言表。

他的《田舍》和《园中倦适寮成》等诗，描绘田园风光和自己的生活情形，也表现出对于田园生活的喜爱和享受。其《园中倦适寮成》云："并耕是我退栖宜，又展团蕉趁暇时。万顷绿云迷褙襀，四围香雾拥茅茨。园居岁月花为历，农务篇章竹纪诗。笑把庞公语妻子，鹿门旧事有心期。""倦适寮"或许就是《出庐外垂钓》所说的那间茅庐。诗写田舍的环境及自己田园生活情形，读来犹如走进桃花源中。结尾，"笑把庞公"句含义深长：不仅是自己的身心都融入到大自然之中，尽情享受归隐田园的乐趣，而他的家人也都受到了感染，乐此不疲。

心情的转变有一个过程。这个过程或长或短，或快或慢，会因人而异，因环境而不同。心情的转变需要契机，更需要有根基，有内在的动因，需要有一丝摆脱生活痛苦、超越人生苦难的心灵。陈乔森《丁卯中秋》这两首诗，写中秋望月所感，就有这么一丝心灵在：

良夜当秋得月多，远闻箫管近闻歌。自知人事秋如此，各有心情月奈何。

中秋非与酒相期，明月飞来照酒卮。若道前身是明月，一生都是明月时。

---

① 《湛江市地名志》编辑委员会：《湛江市地名志》，广东省地图出版社 1989 年版，第 1 页。

丁卯是同治六年（1867），颐山时年三十六岁。前一首叙写中秋之夜人们不同的感触和心情。中秋节是团圆之节，但在花好月圆之夜，并不是所有的人都感到幸福愉悦。他乡游子，会"举头望明月，低头思故乡"（李白《静夜思》）；闺中思妇，则是"情人怨遥夜，竟夕起相思"（张九龄《望月怀远》）；孤独郁闷之人，会"举杯邀明月，对影成三人"（李白《月下独酌》）；思念亲人者，会感到"露从今夜白，月是故乡明"（杜甫《月夜忆舍弟》），也会有"不应有恨、何事长向别时圆"（苏轼《水调歌头》）的感叹；而远谪他乡之人的哭号，更是撕心裂肺，痛断肝肠（韩愈《八月十五夜赠张功曹》）。"自知人事秋如此，各有心情月奈何"说的就是这样的情形，平静客观叙述之中寓含着清醒和超脱。

后一首是诗人对于人生的思考。中秋只是时间变化的一个节点，月圆月缺更是平常的自然现象，这些都不是人力所能左右和改变得了的，自然界如此，人生也是如此。人在世间，不如意事常八九，无论个人是怎样的痛苦和难过，明月照样高悬天空，日子还得照样过，与其无为的痛苦和难过，还不如敞开胸怀，坦然面对一切困难和不幸，这里的关键是要有好的心态。常言道："春有百花秋有月，夏有凉风冬飘雪。心中若无烦愁事，便是此生好时节！""若道前身是明月，一生都是明月时"说的就是这样的道理。

陈乔森中年以后筑庐雷州"郡城东闉外"，自号"东皋农"，有《光绪壬寅春为理宷弟作东皋老农像诗》等诗作，他对农村生活，对农事有一定的了解。因此，农作物的长势和收成时常牵挂于心。《水轮》一诗就表现了陈乔森对农事的了解，对于农作物收成的关切之情：

> 山泉四合溪长流，水车门窄上我舟。我舟行迟轮转疾，水声沸郁争一沟。笙笛杂奏恣凄咽，远疑蛇蚓缠蛟螭。新秧鬖鬖水漠漠，漫天大雨风飔飔。坐令硗确化沃壤，不歌云汉歌颐窦。我生饱食事游戏，不识务农真堪忧。有田未必安垄亩，无田空语亲耕耰。营营欲求升斗禄，粒粟辛苦忘其由。岂知一器亦利民，黄云万顷赖有秋。

水轮，是指排灌用的龙骨车。诗的前半部分，描摹水轮抽水灌溉农田的情形和巨大作用，声情并茂。"坐令硗确化沃壤，不歌云汉歌瓯窭"两句，作者对水轮的赞美之情溢于言表。

"我生饱食事游戏，不识务农真堪忧"以下，是诗人由水轮而引发的联想与感慨。俗语说得好，民以食为天，而粮食则是广大农民在土地上通过自己辛苦的劳作收获的。因此，就人类生存而言，土地是基础，农民是根本，没有了土地和农民，人类就无法生存。这是非常浅显而明白的道理，却不是每个人都懂得和理解的。有些自以为是高贵之人，不理解也不愿意理解农事，甚至还瞧不起农民，诗人对这样的情形是担忧和不满的。"岂知一器亦利民，黄云万顷赖有秋"两句，称颂水轮能给农民带来巨大的好处，暗中讥讽"营营欲求升斗禄，粒粟辛苦忘其由"之人对国家、对人民一点用处也没有。

陈乔森另外两首写平常风雨的诗作，也可以看出他对农事的关切。如《连日风雨不息喟然有作》一诗，抒发的是伤感之情："幽事媚闲客，似复得此生。好月正当秋，秋兰与之并。有琴初易弦，秫酒亦酿成。如何转风雨，连日无暂晴？屋漏难坐卧，径泞损游行。使我兰不芳，使我月不明。使我酒闷酌，使我琴懒鸣。始知上帝心，无暇顾私情。我抱万古愁，百岁为峥嵘。终然是我意，欲要造化盟。奚宜问苍茫，还我无所营。犹惭却有知，静览梦茅蕙。阴阳亘起伏，变幻空中呈。既已雷虩虩，俄而日晶晶。一醉晦霁同，飞鸟喧前楹。"大雨妨碍了颐山的日常生活，他因此苦闷无奈。

而《末伏始获大雨快然》一诗，则欢快的心情。诗歌先写这次大雨之前，老天很少降雨，致使气候炎热干旱："图史畏阅不胜汗，卉药虽灌多含愁。"继写天降大雨，驱散酷暑，屋上地上水流成溪，骑驴的成人狼狈躲避，儿童们则欢呼雀跃，在雨中玩起了游戏："声兼爽籁实驱暑，气挟深凉宜酿秋。瓦垄高低喷飞溜，堂坳起灭行浮沤。官人肮脏借骞卫，儿童踊跃寻芥舟。"末尾写自己的喜悦之情："九市闻蛙米价定，两潭橄龙民气瘳。不妨着屐立檐下，竹树怒青新昔眸。"他站在屋檐下，听到雨中传来阵阵青蛙的鸣叫声，似乎闻到稻花的香气，感受到丰收在即，心中难掩喜悦之情。同样是遭遇大雨，一则苦闷，一则欢快，心情的不同，缘于立足点和出发点不一样。能在大雨之时感受到丰收的喜悦，没有对农村的深切了解，没有农事辛苦的切身体验，恐怕很难做得到。

陈乔森的田园诗中有一些描写日常饮食的诗作，生活气息非常浓厚。比如《同儒初食蟹》一诗，描写宴席间与好友潘存吃螃蟹的情形，就非常细致具体："小艇归来任取携，比邻就饮满幽栖。莼羹偶忆芦花水，姜醋新添蒜子泥。出袖不须闲左手，隔筵相与让团脐。何人会起监州惧，有酒盈樽万类低。"

在陈乔森的田园诸作中，《仙桥寺茶亭》是值得特别一提：

> 闲泛梁溪入惠泉，山僧留客忆年年。乳香任沦松风里，舌本能分谷雨前。未苦熙攘来往路，不希细碎布施钱。舒劳释渴担盈具，更见阇黎分外贤。

仙桥寺原名"海心寺"，又名"百丈桥寺"，在雷州市附城镇，于五代时后梁乾化元年（911）由高僧怀空法师创建。茶亭就在仙桥寺对面。茶亭两字是陈乔森所书，亭门有幅对联，也出自陈乔森之手："行走良劳，歇歇再去；喉吻极渴，茶茶快来。"细玩诗味，这个茶亭当是仙桥寺僧人出资，免费为过往行人提供茶水的地方。

诗的首联，写寺僧设立茶亭，多年来一直用上好的水煮茶招待过往的行人。梁溪，是流经无锡市的一条重要河流，古称"梁清"溪，其源出于无锡惠山，北接运河，南入太湖。惠泉即惠山泉，位于无锡惠山第一峰白石坞下，水质清纯甘冽，被唐代"茶圣"陆羽评为"天下第二"。诗人以"梁溪"、"惠泉"喻指茶亭沦茶所用之水。

颔联紧接上联，由水写到茶。"松风"指茶。"雨前"即雨前茶，是清明后谷雨前采制的茶叶，为茶中上品。好水煮好茶，人们饮了以后余香满口，浸入肺腑。颈联写寺僧的态度。每天到茶亭喝茶的人很多，喧闹纷杂，接待的僧人不以为苦；多年来都是免费，从不收一文钱。

尾联是诗人的感慨和称赞。古语云："勿以恶小而为之，勿以善小而不为。"行虽微小，而善心乃大，哪怕点滴的善举，须有大的善心才能作出。又云："靡不有初，鲜克有终。"发一点善心，做一件善事，这是绝大多数人都能做得到的；但像仙桥寺僧人这样，能长期坚持，天天如此，年年如此，这就难了。而且，不分贫富贵贱，无论士农工商，一视同仁，即使是下层的劳苦大众，也以礼相待，使他们得到应有的待遇和尊重，这就更为难能可贵了。因此，"更见阇黎分外贤"，当是诗人发自内心的感慨和称赞。颐山能三十年如一日，在教育园地里辛勤耕耘且乐而不倦，也正是有这一点精神在。

最后，说说题画之作

陈乔森是晚清著名的画家，《海客诗文杂存》中的题画诗也特多。据统计，第一卷至第三卷中，题画诗有27题32首，第四卷题画诗有117题73首，共计205首，几占全部诗作（662首）的三分之一。这些题画诗中，数量最多的是题咏山水画作的和题咏画梅之作的。题咏山水画的诗作有30多首，大多是表现颐山对于淡泊清高生活情趣的向往和追求。如他的《山堂话别图为陈朗山先生题》：

> 我如海云偶上天，长风吹之至幽燕。名山过眼不得留，故人远忆徒黯然。山中猿鹤应怨叹，子来何又辞群仙？此邦职事属烦剧，冷官强分司农钱。手板低头杂尘土，吾辈岂以奔走贤。忆我去岁珠江游，侨居正在朝台边。山堂咫尺足豪俊，与子交久尤殷拳。路绕蔚荟几来往，落红缤纷多木棉。谈深屡听城坼起，半夜步月殊不眠。醉乡既获王东皋，游迹欲学司马迁。良朋胜览那得并，秋风独放荒江船。长安索米久无谓，齐门鼓瑟何求焉。朝来驱车下通潞，垂杨短苇波沧涟。北方见水自乡思，况挚此图置我前？忽教惆怅忆交旧，南云定见摇征鞭。好剔高固庭前石，饱濯安期祠下泉。丈夫穷达既无系，著书饮酒皆闲年。

这首诗写自己在京城的遭遇与感触，可分为三个层次：开头到"吾辈岂以奔走贤"为第一段，写自己赴京应考及做官的经历和感触。陈乔森仕途坎坷，四次进京，都没有考中进士，虽然由潘孺初和邓承修等好友为他捐了个户部主事的官职，却又"非其好也"①。可以想见，他的为官生涯是无奈和痛苦的。"此邦职事属烦剧，冷官强分司农钱。手板低头杂尘土，吾辈岂以奔走贤"数句，正是这种无奈和痛苦的真实写照。而"我如海云偶上天，长风吹之至幽燕"两句，追悔和无奈之情更是溢于言表。

从"忆我去岁珠江游"到"齐门鼓瑟何求焉"为第二段，回忆进京之前在珠江之滨与好友陈郎山等交游的美好往事。朝台，又称朝汉台，在今广东省佛山市南海区。南海区原为南海县，这里不仅风景优美，人文荟萃，更有良朋胜侣，贴心好友。翠绿丛中，木棉树下，留有朗山颐山游览的足迹；山堂朝台，城内城外，处处都有他们交流的身影；天空的白云是他们友情的见证，夜间的明月与之为伴；两人越谈心越近，愈交情愈深。此情此境令人陶醉，让人神往。可诗人却不完全沉醉于此中，他有更远大的理想和志向。"游迹欲学司马迁"一句申述此意。"良朋胜览那得并，秋风独放荒江船"两句，为下文张本。

自"朝来驱车下通潞"到结尾为第三段，写未来的期望和打算。"长安米贵"和"齐门鼓瑟"照应起首一段，既写京城求仕为官生涯的苦闷无奈，又与广州侨居时"谈深屡听城圻起，半夜步月殊不眠"的欢心愉悦形成强烈的反差和对比；而京城之"垂杨短苇"与珠江边的"路绕蔚荟"、"落红缤纷"亦不能同日而语。两两相较，虽无明言，但他对未来的选择已是了然于胸。"北方见水自乡思，况挈此图置我前"再逼进一层：自然之景尚且能勾引起无限的思乡之情，更何况贴心的朋友之情？经过层层铺垫，归乡之情终于呼之而出："忽教惆怅忆交旧，南云定见摇征鞭。"结尾四句，是全篇的总结：不要汲汲于仕途，回归田园，著书饮酒，亦是神仙过的日子。

他的《题玉泉院听泉图》，更是描绘了一种远离红尘境界：

　　　　山气袭人岚满衣，泉声入耳尘想稀。岳莲无际远送响，崖树相接

---

① 杨守敬：《清故四品衔户部主事陈君墓志铭》，见本书附录。

深作围。淙淙流云落石涧，泠泠泻月环松扉。老仙忘情壁根卧，喧寂
不管谁能几？

《玉泉院听泉图》现存山西博物院。"画作纸本，纵 133.5 厘米，横 42
厘米，浅设色绘崇山峻岭，飞瀑流泉，苍郁林木。山中有一石洞，洞中坐
有一人，溪水蜿蜒而下，溪上建有水榭，中坐一人，右侧山中屋宇台阁，
是为玉泉院。行书款题于画左上方'玉泉院听泉图'，并作七言诗'百尺
松荫万斛泉，晚钟楼阁湿苍烟。几人尘海饶清兴，小住名山亦凤缘。阅世
炎凉参佛乘，旧游迹迹证诗禅。定知此去重相访，任取清溪水石边'。款
题'壬申（1872）仲春写应研樵年老前辈大人雅教。年侍温忠翰并题'，
钤'味秋'朱文、'忠翰印信'白文两印"。画上裱有张之洞、周梅兰，
以及陈乔森等人的诗文题记，"这些人与董文焕都是同一时期的名士"①。

这首诗紧紧围绕"听泉"二字铺开。首联点题。颔联和颈联对于"听
泉"感触的叙写意境幽远深邃，引人入胜。"岳莲无际"为远眺，"崖树相
接"是近观；"流云落石涧"是白天之景，"泻月环松扉"为夜间所见。
"远送响"、"淙淙"和"泠泠"则为天籁之音，只有远离尘世、将自己的
身心融入到大自然之中，才能感触得到。结尾，"老僧忘情壁根卧"，则是
身在世中，心离尘缘；"喧寂不管谁能几"更是远离红尘超凡脱俗了，这
比一般的"尘想稀"的境界更高更纯。不仅照应了题目的"玉泉院"，也
由己及人，由世俗之人，推及方外之人。由"泉声入耳"到"喧寂不管"，
由一般的融入大自然，再到远离红尘，这不仅是感觉变化的过程，亦是心
灵净化和灵魂升华的过程。诗将"泉声"与"尘想"相对立，具体叙写
"泉声"，而以"尘想"作陪衬，"泉声入耳"而"尘想稀"，作者兴趣所在
和对人生的选择也就不言而喻了。

陈乔森与梅有关的题画诗有 17 首，数量仅次于与山水有关的题画之
作。这些诗作，抒发了诗人对冰清玉洁般精神品格的赞美之情。如《抚梅
高士图为杨少彭作》：

① 谢丽霓：《温忠翰〈玉泉院听泉图〉考》，山西博物院学术文集，2011 年。

石边水际步来频，索笑何如契以神。百万树中无此树，三千尘外又何尘。奇干横斜经雪月，高花闪历缀星辰。惶然抚立意绵缈，忘却梅身与己身。

诗的首联，写自己对梅的钟爱。"石边水际"是梅林所在之处，诗人频频来此，可见对梅的喜爱之深。作者认为，梅花不仅可以使人心情愉悦，更能令人精神超脱。颔联赞美梅花品格高洁，超凡脱俗。她不在温暖季节开放，不与群芳争艳，而是盛开在寒冷的冬季，卓然不群。作者在一首画梅诗开头所写的"万紫千红委世尘，岁寒何处发天真"，正与此意同。颈联进一步写梅花不畏严寒的本性。大雪之时，梅花依然盛开；雪后月夜，绽放的梅花犹如点点繁星，皎洁，高雅。这两句诗，化用了林和靖《山园小梅》"疏影横斜水清浅，暗香浮动月黄昏"的意境，将梅花的神韵与气骨描绘得生动传神。

尾联写自己的心绪和神情。他身在梅林之中，抚梅而立，梅花的香气浸入自己的心扉，梅花的高洁的品格净化了自己的心灵，梅花不畏严寒的秉性使自己的精神得以升华，完全摆脱了尘世的纷争烦扰，一下子进入到"天地境界"之中，在精神上与梅花融为一体，忘却了自身的存在。结句"忘却梅身与己身"总绾全诗，由人及梅，人花合一，化动为静，由近及远，由尘世到自然，由实转虚，不仅照应开头的"契以神"，更是对诗题"抚梅高士"的具化和充实。这里的高士，不仅仅是一位隐士，更是志行高洁之士。这首诗是题画，更是写自己。

再如《画梅仙》：

莫讶何处来，直入梅林坐。和气含鸿濛，清标脱凡琐。拱手告梅仙："是尔亦是我。肺腑雪月光，寒香可沁么？"

梅仙即梅福。据《汉书·梅福传》载，梅福字子真，九江寿春人。曾官南昌尉。多次上书言政，均不被朝廷采纳。及王莽当政，他"一朝弃妻子，去九江，至今传以为仙"。诗歌开头，采用肯定的句式，破空而来，直接引入梅仙。他进入梅林坐下，醇正清雅之气即充盈于宇宙之间，使人清峻脱俗。后四句是作者与梅仙的对话，是交流，亦是交融。天地间的雪光月色、梅林梅仙的寒冷清香，与诗人的肺腑心扉交汇融合，是梅仙，还是自己？是仙人，亦是自己。

陈乔森有不少题目只标"题画"的题画诗也很有特色。我们只举一首：

> 高峰一角苍翠浮，深溪一发清泠流。杨柳垂阴覆一屋，蒹葭成丛藏一舟。一时乘兴濯一足，一事畏闻掉白头。一尺鲈鱼亦许得，一群鸥鸟聊同游。钓竿足了一生愿，渔笠何关一世谋？行人自赏沧浪咏，不愧身无大泽裘。

从内容来看，作者所题的画作似是一幅渔翁垂钓图。开头四句，写渔翁的居处环境：青山白云缭绕，小溪泠泠流过，杨柳垂荫，芦苇丛丛，小屋一间，渔舟一只，清新自然而又充满生机。

中间四句表现渔翁的生活情形和生活情趣：归隐田园，垂钓狎鸥，自适自足。"濯足"用《孺子歌》的典故，"鲈鱼"用西晋时期张翰秋风思归的典故，"鸥鸟"用《列子》中"狎鸥"典故，三个典故都与归隐有关，而"畏闻"一词，则隐隐透露出畏谗忧讥、远祸全身之心机。

末四句是其人生取向：愿终老田园，不愿涉足尘世。"钓竿"、"渔笠"既是渔翁的装具，更是个人的生活取向；"一生愿"和"一世谋"则是理想与现实的对立与矛盾，诗人以"钓竿"和"渔笠"并提，以"愿"和"谋"对举，用"足了"肯定"一生愿"，以"何关"否定"一世谋"，看似洒脱，实则无奈。末尾两句，是对前两句意思的进一步申述和补足。"沧浪咏"是"一生愿"的形象描述，"大泽裘"则是"一世谋"的具象和物化。"自赏"和"不愧"仍是一种选择，但态度不似前面坚定决绝。

这首《题画》中，数字的运用极有特色。全诗十二句中，用了十一个"一"字，既有特写，又有总写，错落有致，收放自如。诗人在写渔翁的居处环境时，用"一角"、"一发"、"一屋"、"一舟"；写他生活情形时，用"一时"、"一足"、"一事"、"一尺"、"一群"；这犹如电影中的特写镜头,有以小见大的功效,给读者以概括的联想和想象空间。在渔翁的人生取向时则用"一生"、"一世",这是总写,具有极强的概括力,这恰如电影的全景镜头,以少总多,以少胜多。

《中国美术家人名辞典》称陈乔森"善山水仿道济,有粗头乱服,苍莽自喜之致,亦工芦蟹"①。《海客诗文杂存》有不少题咏动植物的诗作,由于篇幅的原因,更限于水平和能力,我们对此就不赘述了。

二

《海客诗文杂存》中散文的篇数不多,只有十九篇,但创作持续的时间却很长。像《拟潘安仁〈秋兴赋〉》和《拟柳子厚〈乞巧文〉》两篇文章是其成名之作,作于青年时期。而《敕授儒林郎布政司经历黄逊之太翁诔》,作于光绪戊戌岁(1898),作者时年六十六岁;《何雨亭诔》,作于光绪壬寅年(1902),作者时年七十岁,前后相距几近五十年。

文章的内容也比较广泛,有传记、墓志铭和诔文。如《吴回溪先生家传》,记述吴川名人、晚清经学大家吴懋清(字澄观,号回溪)的家史、生平经历、著作目录等,详尽而全面。

其《例封正八品孺人何母黄太孺人诔》,叙写陈家和何家交往的情形,称赞何雨亭母亲黄太孺人的高尚品德;《何雨亭诔》追念与何雨亭近五十年交往的点滴往事,抒发自己对于何雨亭逝世的哀伤之情;读来都历历在目,感人至深。由这两篇诔文可知,陈乔森与何雨亭不仅是挚交,陈家与何家更是通家之好,这对深入理解陈何二人的唱和之作有很大的帮助。

有题记文。如《遂溪县印金宾兴祠碑记》,记叙遂溪县印金宾兴祠的位置、兴建的缘由,以及对当地文教科举的巨大促进作用等,简洁而清晰。文中提到儒生中举之后,需要花钱拿榜帖的情形更是鲜有所闻。《畟耕庐记》详尽地描绘记述他雷州居舍畟耕庐的位置、环境,自光绪乙亥至辛巳(1875—1881)经营这座田舍的过程,以及田园生活的情形与乐趣,内容丰富,抒情性很强,可与其田园诗对读。

---

① 参见《中国美术家人名辞典》,上海人民美术出版社1981年版,第1022—1217页。

也有抒情文。如《伤情赋》，抒发青春不再，富贵难永的伤感之情。作者以项羽乌江别姬，汉武帝刘彻为宠爱的李夫人作赋、画像、招魂，南朝陈后主因荒淫亡国而被迫与张丽华孔贵嫔藏入枯井之中，以及唐明皇李隆基因安史之乱而与杨贵妃马嵬诀别等历史事件为例，告诫人们应居安思危，见解深刻，情深意切。

还有书序文。如《〈谢攀卿集〉序》、《〈温良陈村族谱〉序》等。

陈乔森的散文有较高的思想和艺术价值，对于我们今天深入了解近代广东乃至全国的社会政治、文化、科举状况，以及颐山本人思想状况和心路历程，及其诗歌的思想内容等，都有一定的帮助。

三

《海客诗文杂存》每卷正文之前，都印有"遂溪陈乔森颐山著；受业遂溪陈鸿年、杨允述，海康宋鑫编校；受业海康黄景星募印并对稿"等内容，但从附录中宋鑫的《编后记》和杨鸿年给宋鑫的回信看，这部书的编纂工作，主要是由宋鑫承担的，完成时间是民国十九年（1919）旧历四月下旬。《海客诗文杂存》有两个版本：民国九年庚申年（1920）旧历五月雷城内道南印务局本（简称初印本）和民国二十三年甲戌年（1934）旧历十一月赤坎海边街华文印务局重刊本（简称重刊本），两者都是铅印本。据我们所知，国家图书馆、广东省立中山图书馆和中山大学图书馆等，均有收藏。

初印本和重刊本的版心一样，都是每半叶十行，行二十二字。但在目录编排和分卷安排方面，则有较大的不同。目录编排上，初印本将全部目录放在第一卷正文之前，而重刊本却是把每卷目录分置于各卷之首。分卷方面，重刊本自《漫兴四首》至《溪上雪》为第一卷，自《晴》至《宿固安县寄酬》为第二卷，而这正是初印本第一卷的内容。初印本第二卷自《河间府吊献王》起，到《落花三首》止；自《咏史三首》到《秋坞图画与许中丞》为第三卷。而重刊本的第三卷则是自《河间府吊献王》起，到《秋坞图画与许中丞》止。

正文方面，初印本不少地方有改动的痕迹，它在错别字上加小红圈覆盖，旁边再加盖正确的字，这当是印成之后又加校对的。可在目录中，它有 10 多条缺失和 20 多条明显的错误都没有改正，不知何故。重刊本基本上延续了初印本目录中的错误，除有个别改正之外，初印本正文中改正之处它却大部分还是错误依旧。

原刊本有晚清著名学者杨守敬撰写的《清故四品衔户部主事陈君墓志铭》、董文涣的《读陈颐山海客诗钞题辞》、王闿运的《潘君孺初钞遂溪陈颐山海客诗集见示系之以赞》和《复赞钞诗者》作为卷首，放在正文之前，这四篇诗文对于了解陈乔森的生平事迹，对于深刻理解《海客诗文杂存》都有很大的帮助。按惯例，我们将这四篇文章作为附录放在正文之后。原刊本最后还有本书的编纂者宋鑫和陈鸿年往来的两封信函，对于了解本书的编辑过程有帮助，我们酌加标题，亦作为附录放在前四篇文章之后。原刊本有编纂者宋鑫的《〈擎雷老人拄杖图〉零句感旧四首》作为第四卷的附录，放在该卷末尾，这次整理也亦如其旧。

校勘方面，两个版本缺失的目录予以增补，目录中有错误的，据正文加以订正，均出校记。正文方面，题目明显有误，如《株洲闻椰》，原本"株洲"作"株州"，据实予以改正，并出校记；初印本错误，重刊本正确的，据以改正并出校记；因形近而误者，如"鼓擢"、"楚强（彊）"，当为"鼓棹（櫂）"、"楚疆"，在校记中给出正确的字词；初印本正确而重刊本错误，或初印本已改正而重刊本依然错误者，亦出校记，给以说明，以便研究者对这两个版本有较为全面的了解。

陈乔森是书法家，这部《海客诗文杂存》中有许多异体字、通假字等，如"峰"作"峯"，"暖"作"煖"，"窗"作"窓"，"回"作"囬"、"囘"、"廻"、"迴"，"碗"作"椀"，"野"作"埜"，"樽"作"罇"、"鐏"等，对此，则径用通行字体，恕不一一出校。

本书得以顺利完稿，首先应该感谢雷州市的文化学者李龙先生，是他将自己珍藏的甲戌本《海客诗文杂存》提供给我们复印留存，我们的点校和研究工作才得以正式展开。还要感谢广东省立中山图书馆和中山大学图书馆，是他们慷慨地将自己馆藏的庚申本和甲戌本出借给我们阅览和拍照，使这次点校工作能更加全面准确。

应我们的请求，安徽师范大学文学院资深教授袁传章先生审阅了部分稿件并提出了宝贵的意见，我们特向袁先生表示衷心的感谢。

中国社会科学出版社的陈肖静编辑为本书的出版付出了艰苦而细致的劳动，她的一些意见和建议中肯而独到，本书因此增色不少。我们也表示衷心的感谢。

由于笔者资质愚钝，学术素养有限，谬误疏漏之处在所难免，祈请各位方家学者批评指正。

赵永建

2014 年秋末草于广东海洋大学

第一卷　古近体诗

漫兴四首

日永柴门敞，行吟忽忽还。鸟啼时过树，云出不离山。有迹投林茂，无名人世闲。所亲伴言笑，常见好容颜。

花间流水里，未算住凡尘。习静得微悟，披书逢古人。亦浮红树艇，侧岸白云巾。取次观元化，垂纶沧海滨。

窗户淡悠悠，闲来诵《远游》。山光青破晓，海气白含秋。日月行幽壑，烟霞抱小楼。默思瀛渤迥，何似泛神州。

黄花应欲放，多感近重阳。坐竹中天月，听潮绝岛霜。寸心千事短，万古一宵长。颇怪陶彭泽，颓然能尽觞。

晓　感

愁心何处起？一夜又将阑。檐雨泻残夜，窗风吹薄寒。艰难常念友，学问未忘官。咄咄空期许，东山卧谢安。

秋　雨

三日空林雨，鞋痕印湿泥。闲愁黄叶落，清兴白云暌。水气连村暗，炊烟匝屋低。阴阴过短日，晚樔有鸡栖。

落 叶

万叶渐离树，翻飞难自停。夜虫寒不语，秋士醉初醒。远渚随风下，幽窗作雨听。著书容席地，休没院苔青。

燕 雏

园林花乱落，昔日别荆扉。记忆双亲语，叮咛五月归。而今蒲叶绿，几处燕雏飞。念我违依膝，应惭此鸟微。

溪 行

百里长溪草树清，林峦如笑自相迎。淡烟残月吟无碍，远墅层山看不平。舟过水痕随舵直，帆停沙响接篙生。前头初日炊烟起，岸畔人家晓汲行。

读《史记》

阿旁一炬可韬兵，栈道西来又战争。弑帝有辞工服敌，烹翁何事欲分羹。虞歌戚舞皆遗恨，隆准重瞳岂并生？天授自增龙虎气，剧怜本纪冠西京。

壮士冲冠一筑秋，伤心马角与乌头。药囊犹觉关天命，剑术何能主国谋？不返早知秦竖子，有灵应见汉留侯。咸阳虽尽山东地，督亢图来霸业愁。

重阳前有忆

去年共度重阳节，庭院清深赏菊花。今日独萦千里意，衣裳寥落泛秋查。白云沧海天边路，红树青山梦里家。岂有荑囊先寄得，不胜愁处暮飞鸦。

过友人书斋

偷闲几度踏莓苔，谷口言寻郑子来。燕不避人排径出，花如爱主背墙开。登堂索酒犹非俗，满架储书便是才。庭外蒲桃初结实，待堪赏日或能陪。

题杨天池樾荫山房

无限飞花动旅情，暮春天气袷衣轻。少文老去惟图壁，潘安闲居爱面城。满砌烟痕团树影，沿山云气送溪声。十年庭畔徘徊处，管有幽禽识姓名。

湖光岩

山外不见湖，湖纳群山肚。有如云抱月，其光莫得吐。见湖忽忘山，山为湖旋舞。又如镜开匣，空明浸天宇。老僧吾故人，半作湖山主。渊中潜神龙，亦出听钟鼓。经台坐风香，共证二乘语。岂能脱外胶，洒泪吊前古。岩端盈尺书，气搏海鹏羽。烈烈李伯纪，大略歼戎虏。谁教社稷臣，遗迹灿林莽？治乱未敢闻，沉思识勤苦。

忆甥

抚膺眦萦洿，骨肉有坎坷。念兹黄口儿，襁褓即依我。往时造其庐，资生无一可。老檐倚枯楸，荒突来新火。悬悬娣弟心，迟迟秋水舵。拭泪夕照黄，对揖袿巾破。荆枝非异根，棣华复同朵。鸤鸠周七子，螟蛉托蜾蠃。何离父母怀，半世遭摧挫。古人脱环瑱，养亲义亦颇。幸返女嫛砒，温清获相助。脂我千里车，游历志益果。弱植扶床馀，讵知忧患伙？春残偶言归，娇语不肯卧。朔风又雨雪，梦尔加膝坐。可能足枣栗，早晚搏饭颗。寒暑宜有期，蛰虫岂终饿？长成当树萱，扬名庶无惰。

水 轮

山泉四合溪长流，水车门窄上我舟。我舟行迟轮转疾，水声沸郁争一沟。笙笛杂奏恣凄咽，远疑蛇蚓缠蛟蟉。新秧鬖鬖水漠漠，漫天大雨风飕飕。坐令硗确化沃壤，不歌云汉歌瓯窭。我生饱食事游戏，不识务农真堪忧。有田未必安垄亩，无田空语亲耕耰。营营欲求升斗禄，粒粟辛苦忘其由。岂知一器亦利民，黄云万顷赖有秋。

秋 末

飞雁去不息，同为行路中。天长孤影尽，秋老两眸空。亭障残虹雨，关河落木风。岂知弧矢事，未是可怜虫。

落 花

渐少佳人到，枝头空断魂。有如终眷恋，犹复赋《长门》。

读《离骚》

满目彭咸恨，林深风雪多。水流终不返，其奈沅湘何？

溪边小丘

仄径入林深，微光漏日影。鸟飞山果脱，锵然落土井。

登镇海楼望远

夹城倒瞰青天上，长江东逝还惆怅。彩舫随波大吏奴，火刀砍柱诸番长。五寸毛锥盾鼻违，一联皮甲旄头想。暮山黯黯落斜晖，雾霭濛濛人不归。狐驭妖风当牖过，鲸吹腥雨入檐飞。胡雏亦倚东门啸，虞苑秋深寒满衣。

珠　江

朝朝放画船，长吟看烟树。聊复破羁愁，忘情学鸥鹭。

波罗庙

细别祝融碑，晓日正东上。万树木棉花，红漪齐荡漾。

大通寺

松竹沿溪生，人踏花阴至。曲径散幽香，高幢定寒翠。

海幢寺

梵宇旷无边，四堵榕阴悄。群僧昼掩扉，重檐坠争鸟。

花　埭

一绿绕春江，红芳满林薄。欲吊美人魂，懒见繁花落。

绮林园

花木缭绕通，幽徜无人见。亭榭临清波，群鱼唼花片。

听松园

飞阁玻璃窗，竹戛迥廊曙。时闻笑语声，花密知何处。

馥荫园

自有四时春，不怕东风歇。幽居锦绣丛，阿谁管风月？

沙　面

红裙满画楼，烟水堪怡悦。南国种相思，琵琶声不绝。

秋　意

时有西风吹，雁飞安可接？独步人不知，离愁满黄叶。

又

独自倚栏干，云敛天宇寂。霜月满高楼，何处人吹笛？

咏　史

荣利世所趋，人心日以靡。高台置黄金，招贤亦如此。

哭朴初师

疑真疑幻却吞声，悔出空山历远程。憔悴昔曾窥体貌，命提苦自役聪明。穷途绝少师如父，九地焉能死复生。莫虑年来贫到骨，寻常磨镜拜新茔。

梦魂惝恍路漫漫，此世应知见面难。不惜异书常赐读，每怜画粥久分餐。文章抑塞真同调，风雨悲凉祇浩叹。可有报恩门馆日，西州云树涕洟看。

天马无羁旧品伦，飞腾终望轶前尘。苦心费尽裁狂士，行状谈来当古人。那得碑铭传郭泰，愧将辞赋绍灵均。行藏毕竟成何事？灯烬鸡鸣觉有神。

无 题

占断春风舞袖垂，画眉窗下各佳期。仙山缥缈天人住，青鸟何曾下玉墀。

众卉能当一盼难，彩旛空插几重关？玉容不作人间艳，莫使丰神比牡丹。

寄黄今山五十韵[一] 名 姓

荒僻怜孤岛，凄清此晏居。曾为遥负笈，独笑苦翻书。学步平生外，驰神旷古馀。长缨钦慷慨，短褐谢吹嘘。碧嶂轻千里，瑶签重五车。艰难模画饼，廓落慕鸣琚。孰可龙鳞附，焉知凤羽舒？休言樵且读，莫敢隐而渔。翰墨奇缘在，风尘别恨储。神交萦想象，介绍得因于。契记投鞭合，情非折角沮。半旬编扑蠹，连夕瓮浮蛆。硕义嗟无敌，凡心羡已袪。剡溪重访尔，辋墅又迎余。皮陆连吟咏，曹刘助笑哗。朝台同珥笔，锁院失连茹。采翼翔阿阁，穷鳞返孟诸。屋梁今怅

望，帘桁屡萧疏。诗集看长庆，毫端富石渠。含情堪鬼哭，下字有鲸
呿。质美虽天授，才高绝世誉。瘴烟围水国，蛋雨困蛮砠。致洁衣频
振，偷闲发懒梳。韶龄亲鹿豕，病体少蛩驉。寂寞依红袖，芬芳采碧
蕖。与君俱郁抑，知我拙趦趄。寄迹慵春庑，凄怀抱影庐。山颓磨镜
远，驿阻赠梅徐。代爨焚须末，趋庭极目初。室忘悬磬似，身却系匏
如。悔吝权谁主，疏狂气未除。眠霜秋榻冷，歌月夜窗虚。遣兴听时
鸟，驱饥掇晚蔬。囊惭锥脱者，椟岂玉藏诸。大业疑窥豹，浮名叹赋
狙。蚕思抽乙乙，蝶梦想蘧蘧。浩渺波涛窟，腥膻蟹蛤墟。吠难防蜀
犬，骇怎诮黔驴？入世真维谷，持躬感得舆。聊看多节竹，久讶不才
樗。至竟悲飘泊，云当去里闾。星辰方合斗，云雾纵纷拿。天子勤
推毂，将军苦呫呫。纲维三策立，帷幄一筹摅。过冀原空马，临渊
只羡鱼。年华徒灿烂，愁绪几踌躇。暇日摩残简，时人厌破裾。好
持王绩酒，欲执管宁祛。是处离尘垢，何堪语拮据。由来东北海，
二老昔容与。

【校勘记】

[一]"五十韵"，初印本、重刊本均作"十五韵"，据目录和正文内容改。

赠吴莲裳四十二韵名钟岱

离明昭泽国，文苑见娉修。仙佛前身证，麟鸾下界游。已堪探虎
穴，谁得划鸿沟。昔者过黄宪，因之说孟姁。芳兰真竟体，秋水欲盈
眸。慧业金环记，宏辞璧府搜。赋争鹦鹉捷，诗笑鹧鸪愁。莫愧侪骚
雅，遥知聚索丘。人暌非万里，神契已三秋。今讶双凫舄，疑逢五凤
楼。入林欢把臂，弄竹遽低头。聊作场驹絷，何须井辖投。新知胥足
乐，渴想俶为瘳。是日凉飙拂，长天酷暑收。浓云围雉堞，快雨洒蛮
陬。树响当窗碎，苔痕上砌稠。崝嵘郁令任，醲酽杜康稳笞。祖袖睢欢
宴，飞觥散怅惆。银坛倾渤澥，玉尘话沧州。获读《乌栖曲》，旋兴骥
附谋。情芳花绕腕，语亮月为喉。忽毁君苗砚，宜同太白舟。惭余非巨

擘，于世若悬瘤。卖畚猥居洛，弹琴耻效邹。本无黄甲梦，差有白丁羞。远迹摧芒屩，狂歌困蒯缑。驰驱输代马，慷慨看吴钩。旅食消华岁，征尘满敝裘。嵚崎殊可笑，贫病久违俦。近纵耽吟咏，胡能事矫揉。镵徒联鲁直，瓟岂识唐球。蚌璞奇珍秘，山川宝气浮。自嗟同豕彘，未敢撼蚍蜉。掺管将窥豹，登坛却执牛。长鲸争跋舞，跛鳖愈夷犹。续岂齐貂狗，吟还判蚓蚪。虫雕刚不易，蚁泛更宜遒。民物奚容问，才华苦自囚。五车空土埂，四国尽兜鍪。别路难寻雁，乡园独侣鸥。几曾瞻北斗，少复到南州。莫把深杯却，琼瑶匪报酬。

天宁寺 郡城西

晓日闲寻祇树林，尘埃虽近地幽深。多情佛已堪膜拜，久定僧应喜足音。树历千年都幻相，禽鸣终日有禅心。澹公不解铺金意，听唱娑罗笑不禁。

斋中读书八首

遁空愧未能，狥物宜可已。幸无交谪言，结屋荒园里。疏桑带村原，圮井垂葛藟。邻翁乃多暇，相偕助经始。涂墍即云毕，铅椠完素耻。泉脉渐涓涓，茶烟亦迤迤。艺芳临轩楹，牛白满帷几。酬酢觉衰微，颇悟元虚理。

凯风吹北隅，欲涣炎歊结。背春曾几旬，三伏倏移节。计暑无淹迟，随时自娱悦。高蜩噪孤清，缛苔有馀洁。炷香停幽弦，披编咏曩哲。沉潜日月费，追逐径路绝。象融神乃超，天浅口易说。常恨逃空虚，不能抒纡拙。逡巡爱凉飔，白云若冰雪。

日暮鸟雀还，果下无车辙。徜徉三季前，心驰身若逮。横议非无征，当事岂能济。凭愚玩潜机，盈祸委颓势。平生慷慨谈，岂知善扃闭。浑浑黄河流，肃肃丹山桂。真风良已漓，遗经不同敝。饥寒靡误人，千秋此林际。愿乞同矜客，折节抉蒙蔽。

尘网漫八纮，知分适情早。微言悲阻绝，柔翰敦夙好。常惕宇宙宽，狭小逞怀抱。积令苍黎穷，斩刈若蓬葆。深念成退懦，中夜忧心捣。物我同一时，生息幸相保。

断蓬随风飚，飞飞何时极。终没沙泥中，焉能挺孤直。恬淡基德符，修饰损颜色。万物我何有，所患在苟得。读书十余载，世故始相迫。偶怀捧檄心，眩弄旋就惑。独见多暧昧，古今生太息。耕渔道未泯，旷代杳难识。

野塘泛苹花，微香互流溢。旁庭悬橘柚，槛竹亦萧瑟。晨兴烟雾浓，湿翠拥斋室。散发当爽明，长吟时抱膝。兴高周众作，代远富文笔。词林根本宏，舍咀辨华实。酌雅始为尊，俪道乃无匹。闲心萦楮素，然灯伴蟋蟀。嗟嗟梗枏材，不在生长疾。

溟涨渺天末，荏苒度寒暑。寄身岂不远，弥望蔚平楚。秋绿未可留，焜黄夜来雨。萧条及严景，寂处淡无语。残阳下云壑，落叶舞风渚。闭门事幽讨，循堰快幽亡。邴原亦安归，向朗聊漫与。谋生吾固拙，邻家扑禾黍。

短景昼恒阴，重衣展书读。留连壮士节，游泳古人腹。万卷空尔劳，一获岂吾熟。聪明既虚掷，仁义无专属。微觉卮言繁，已送鼎岁速。阳藏冰雪明，月冷庭乌宿。万卉返其根，梅花亚茅屋。冬思渐严紧，夜感愈幽独。沉吟坐遥扃，衷情不成掬。声华岂不佳，太仆念岩谷。

贫女

芙蓉修竹伴幽居，共说娥眉画不如。绝世何尝资粉黛，修容惟见补衣裾。彩鸾惆怅持唐韵，班惠艰难续汉书。颇怪恩深浣纱女，笑啼非似苎萝初。

怀黄今山

北风遥渡海，一夜换寒衣。天外闻征雁，林端送落晖。地幽生计拙，岁晏夙心违。应以文章老，犹怜常掩扉。

怀陈景山 名 炘

地少梧桐树，遥知秋满庭。君家在何处？野鹤格亭亭。云气堊天白，风纹绣海青。欲行无逸棹，一派浪花腥。

咏 古

未茁五色羽，谁知威凤奇。老龙善变化，云水隐灵姿。范伯居宛囊，结僮半醒痴。霸气腾地户，入越兴其危。弄吴股掌间，鸱夷有余悲。隐忍致奇略，恬淡守凤雌。泛舟五湖阔，范金空尔为。

柱史以无为，心志逐皇古。柱史重卑柔，沉变英雄祖。末运少复真，刚强创万古。大道托下僚，亦不系圭组。青牛去流沙，玄经照寰寓。嘉叹思无穷，仲尼在东鲁。

陔下夜闻楚歌行[一]

秦鹿汗尽楚骓血，鸿沟翻举鸿门玦。英雄儿女死生心，楚歌茫茫惨星月。楚人楚歌奈楚何，七十余战劳干戈。韩彭为敌范增去，王与美人徒和歌。歌残浩落掷区宇，斩将阴陵复奚语？时不利兮江水寒，不面汉王不归楚。楚虽三户志报仇，嬴宗已颠死无苦。汉王天子气难降，彭城荥阳窜如鼠。

【校勘记】

[一]"陔下"，疑为"垓下"之误。

大醉画山水歌

顿觉满腹兴岩丘，闷塞欲绝心难休。脱衣抛巾手指缩，不厌鲁酒倾千瓯。怒毫盘礴纸盈丈，臂奔渴骥声飕飕。霜峰云海落天半，长松乱石篁林幽。山奇绝处置数屋，水当快意行渔舟。美髯老人似隐者，一人一态烟中楼。快写已毕最清爽，中扪胸腹如空篝。掷笔笑倒纵醉眼，铁围幻相由来稠。晦暝岂禁仙鬼下，惊眠莫以雷电投。淋漓细看更无墨，仿佛无数猢狲愁。天机已畅真境合，孜孜兀兀皆常流。大地苍然起川岳，供我瞻眺腰脚遒。男儿生既有知识，深藏远览皆自由。竹箄三尺会努力，何能长叹待白头？

赴舅丧有纪

舅氏古介者，意亦鄙寻常。久随偻匠后，旦暮无余粮。南村有废亩，负畚锄其荒。去岁得豆萁，狼籍堆满房。风燥忘徙突，燔燎赭其墙。贫婆况遭火，菽水无由将。我家在穷屿，我母惨悬望。时念兄子至，所赠难盈囊。书来知舅病，形色中怆皇。聊助市药资，岂料成膏肓。我适有俗遇，物誉方飞扬。归来闻舅卒，我母愤欲僵。板舆随母后，跪拜登舅堂。老幼相抱泣，观者咸涕滂。一媪老无齿，挍泪行踉跄。一�蓬鬌发，声哑不复长。四子惰失业，二妇无完裳。凄风起井灶，夜灯冷无光。寒月照高树，哀禽惊曙霜。我母中夜起，哭添灵座香。达旦不能息，万语摧衷肠。上念祖宗业，下念儿女行。中念姑嫂谊，所生尤可伤。垂老始丧子，冻馁无田庄。愧我豚犬质，感极亦下床。稽首阿母侧，舅氏乌可忘？今者舅之母，大母义与当。好为置服御，并罃归吾乡。母代舅氏养，儿为阿母强。河海施洪波，得润非一方。亨屯固难执，心誓与母偿。络秀尚建节，圣善矧莫量。

代陈松坡答黄今山

万里巨鹄无近翼，千岁老松无弱枝。托迹市人伍屠侩，造物变幻欺男儿。行年六十不糊口，闲身屡为蝇头驰。以扇障面尘已俗，落花坠溷徒幽姿。吾家海客好怀抱，相马冀北忘牝骊。去夏倾怀说叔度，垂涎满口扬双眉。今秋又来鉴水侧，出君辱遗扇头诗。莫逆于心窃自怪，雷霆入喉震肝脾。相知奚必曾相识，景阳钟动铜山夷。扼腕嘘唏涕涨睫，此情敢与时人窥？闻君束发已豪翰，缥经十二将乘时。高云未许踏叱拨，落月空自吹参差。黄金白璧日歌舞，酒酣列烛继管持。泛掷险语役鬼神，狂飞大句驱蛟螭。有才如此亦廓落，臣今老矣胡能为？海内干戈方始满，艰难无处非堪悲。丈八蛇矛恣荡决，尺一如意谁指挥？衰翁弃材岂不愧，困眠馁食迷雄雌。诵君之诗感君谊，临风引镜憎霜髭。布裘破尽暮寒劲，流芳遗臭终无期。据鞍焉能投虎仆，携杖且愿从牛医。形容虽槁未聋瞽，长帆会得凌飚飔。一作流泉赴沧海，终见鲸鳌惊测蠡。

长歌送吴莲裳

吴生幼慧谁不识？九岁能文动乡国。纵腕长豪飒有声，骋谈举座卑无色。龙文自是千里驹，凤采何惭九苞翼。霜蹄屡蹶气弥豪，风翮虽摧心不惑[一]。攀辕对泣知为谁，韶山野老多胸臆。长篇大句惊雷硠，避尔雄才却三北。坎壈惟歌白柄镵，奔踶马系黄金勒。鲰生卤裂人更嗤，为侠为儒无一克。由来同病最相怜，聊复悲歌疲翰墨。东风千里吹海隅，春天欲暮波涛驱。桃村柳坞日瀁荡，池苹原树烟模糊。壮志时压巨浪涌，离情难与行云俱。古渡相逢惟执袂，幽斋言别何方趋。张灯夜宴语慷慨，游子长征无定区。佗城桑梓长南服，遥闻凭险强威弧。茉莉田中悲泪鹤，荔支浦上观封狐。遥鞭直可指燕蓟，回辀乃以策楚吴。桥梁向日已题柱，关吏从今看弃繻。丈夫怀抱必有遇，况尔瑰奇称武库！只恐鲲鹏六月风，难消蛇鼠三宵雾。英雄出处固有时，才智纷纶或无处。开府文章世孰知，越公尊大谁能悟？志士宜为誓墓文，羁人常作《登楼赋》。此行只可踏千峰，于意休思除五蠹。蛮山瘴海故园天，归来携手田间路。

【校勘记】

[一]"风翮"，疑为"凤翮"之误。

吾宗有烈女行

吾宗有烈女，少弱寡笑嬉。言谈范礼节，不敢窥房帷。春风落花委原野，踏青拾翠非女儿。仲冬廿九日，郎家奠雁期。孟冬初十日，郎讣复来兹。乾坤定大义，倏忽交喜悲。喜固不解悲不离，生莫捧栉没抚尸。告公姥奔丧，鸩媒不肯通辞。中表乃丈夫，执柯毋乃痴。父兮母兮大圣慈，嚅嚅耳语将奚为？三尺朱绳一坏土[一]，儿行其志，不敢使父母兄嫂知。今晨冰雪最冷急，正是仲冬二十九日当嫁时。

【校勘记】

[一]"一坏土"，疑为"一抔土"之误。

古榕树今山同作

昔我弹蹊乌，搏桑肆蹦蹂。逐古出大荒，钻火树曾觊。开天有此奇，群才那敢副。咄兹老丑榕，狡狯复难究。摧屈成幻形，木神眉已皱。主干匿何方，垂鬣逐年富。入地疑椎埋，垂墉非御寇。生易过蒲庐，用拙免薪樵。渍雨怒成臂，经霜巨于輮。交即连理枝，布乃丛生薙。莜骸百亩宽，拳局千年寿。樯颓耸孤撑，岸漂健虚毂。筋力满缩伸，精神互将就。村祠镇凭依，田堰通耕耨。扫空密叶张，障日浓阴覆。负手行其间，眼花迷左右。鬼工纵纠纷，天巧劳结构。荼罴嵚孨毿，夔冈跳邂逅。为龙或拿石，为鸟或吐绶。蹒跚或龟蠵，攀援或猿狖。或涂百蛇负，或潭一蛟瘦。或蚕茧自缠，或蛛网相凑。或为含饴翁，痴孙抱颈脰。或为狗项瓢，都督悬瘿瘤。或为夜叉舞，袒裼无长袖。或为血战将，曾瘢敷钉脰。或如老奴来，长髯背佝偻。或如防风臣，穿胸神药救。或瞋如仇雠，或狎如婚媾。或架飞桥棚，屈首入邻甃。或横沟中断，聚波潢洪窦。节突女婴礧，心开古皇枢。哑哑闹鹳鹤，唧唧窜鼫鼬。蚁卵积珠玑，蜗涎环篆籀。苍藓缀铜绿，蜡子撒文琇。楠液洒高柯，腥电夜深吼。霸根楔玄欱，土伯觺角走。入秋声弗悲，凌冬籁弥懋。岂患青牛化，胡须白鹿守。植远无何乡，伐获斧斤宥。虽奇而不才，诡亦殊矫狃。惟造物是听，世俗谁谪谀？傥若豫章讷，指摘口应臭。河阳满县花，无乃侈悠谬。磊砢非索用，时值麒麟斗。将军旧所坐，未宜压甲胄。苟许黟饿人，聊不惭衣绣。关榆戎马羁，社栎巫觋骤。葛柏极赞叹，殷槐借雕镂。人各有悃愊，槎枒排句读。

古　意

翠姹停歌扇，青娥卸舞裳。辟尘犀导滑，围夜玉屏香。雁过雕梁月，乌啼宝瓷霜。凌波居洛浦，行雨隔巫阳。襟怨同心结，奁羞半面妆。颊梨窝淡淡，臂藕枕藏藏。杯意含鹦鹉，琴言歇凤凰。印愁花褪紫，破梦叶飞黄。熊耳秋峰杳，峨眉古碛长。玫砧摧杵急，人在阿那乡。

明月篇

秋恨兴团囵，从昏薄夜闲。郁仪施照好，丰魄点尘难。黟彻仙人斧，香笼羿妇丹。绛宵清送笛，碧海闷凭栏。楼阁中天幻，山河两地寒。相思眉欲语，独立指轻弹。百二重关路，三千弱水澜。精光分上界，遥影落长安。鬟霭黄金镜，心冰白玉盘。弓鞋黏露湿，绣袖耐风单。窈窕搴帘蒜，沉吟解佩兰。无情桂之树，朏朒计旬看。

秋雁篇

凉飔飒飒吹青草，碧梧枝上燕归早。金天萧瑟路漫漫，征鸿不待秋期老。衔芦列阵度衡阳，往返苍茫无定乡。带月余声连朔漠，凌风清影落潇湘。洲渚更番撩夕雾，江湖几许冲朝露。沙曲翩翩起有时，天涯嘹亮飞何处？此时刀尺动闺情，何处楼台怅远行？捣衣石上看过影，织锦机前送唉声。罢杼停梭暗自怜，兰缸微剔照婵娟。鸳鸯帐冷银蟾入，翡翠帏孤绣蝶眠。塞北淮南多远思，双飞羡尔云中翅。足上轻缠尺帛书，凭君为寄相思字。

祖生闻鸡起舞歌

严城漏滴风月影，怒蛟同卧愁龙醒。谁家老凤双足寒？宵鸣频引英雄领。提戈有事恨中原，此声不恶通重门。开襟触破著鞭梦，入海紫浪横胸翻。当人昂藏莲锷剑，四壁天叉吹闪电。盘旋灏瀚须发张，回光要见刘公面。百战曾难快所期，摧伤心系《扶风诗》。铜驼荆棘胡尘满，无奈挥毫劝进时。

题杨妃春浴图

梦阑被底鸳鸯起，骊山宫中侍天子。海棠睡足不胜娇，赐浴精调兰麝水。雕盘写春春影浓，钗股半卸裙腰松。桃花小汗透肌雪，金诃子掩双芙蓉。尚衣宫娥振鸣玉，帘栊沉沉扫眉绿。《霓裳》一曲舞当筵，三千佳丽殊粗俗。花间笑语受恩遍，浴儿更赐三郎钱。海上楼台苦归去，谁知有恨难神仙。

木水口道中

入望惟青嶂，征人道路遥。日残飞鸟背，云截乱山腰。舂响空秋涧，炊烟下晚樵。茅茨寻一宿，袖手看岩峣。

羚羊峡

苍翠合无路，到山开一痕。壁悬千石上，湍挟两岸奔。樵径转松窄，渔潭翳竹昏。停桡欲采砚，何处割云根？

舟中阻涨

积雨已浃旬，举目翳烟雾。新水十丈添，系船傍村路。风搜舵后芦，云压蓬背树。箬笠买鱼人，沿堤自来去。

那砻江

荒江屈曲通，丛山锁苍翠。飞云拂危樯，中杂烽燹气。舍舟逐徒侣，腥血在平地。凌晨恣杀掠，且伤我同类。鸡肋岂足贪，游骑尔勿至。万物为刍狗，皇穹怒何事？强弱亘吞噬，更无休息意。嗟嗟行路难，畏途今始试。

粤秀山红棉寺

迥与群喧隔，萧条居上层。虚岚迷雉堞，乔木拂瓠棱。时俯下山客，适逢归寺僧。苍岩衰草际，留滞语频仍。

日长林更静，徙倚若为情。多树鸟依寺，有山云入城。夕阳移塔近，秋水上窗明。晚膳僧厨供，意馀蔬笋羹。

入夜不能寐，息怀多道心。山皆在月下，树自响秋深。微梵传旁院，孤灯出远林。那知更几转，似有薄寒侵。

桑下留三宿，曾难外世缘。穷经犹滞古，闻道不关禅。白发生闲里，疏钟到枕边。也言山可住，愁绝出山泉。

题倪云癯珠江夜游图 名鸿

红烛乌丝夜月舟，帘枕十里上银钩。莺花旧梦清钟晓，灯火寒潮绛树秋。半臂渠侬怜小宋，双鬟歌舞按凉州。而今休恨珠娘老，前度词人已白头。

闲愁无奈月明何，漓水东流也逝波。锦瑟年华才笔艳，素馨花气醉颜酡。最难丝竹陶哀乐，每被聪明误绮罗。同是曾经沧海客，就中惯听恼侬歌。

与陈朗山倪云癯颜仰之饮野外酒馆中

茅屋荆扉隔树开，笑谈终日不言回。萧闲况味衣悬桁，苒苒年光酒满杯。淅淅稻畦山雨过，冥冥竹牖野云来。人间此境更何事，时见幽禽啼绿苔。

哭左春坊殷公_{讳寿彭}

古寺云水冷，落日黯崔嵬。素幕转苔色，丹旐积浮埃。华堂梦中到，几杖安在哉？趋位尽一痛，曾否俟我来？行迹容有暌，中怀怆生哀。知己足平生，愧我岂能才。书籍授王粲，范云玷见推。老成渐凋丧，梁木更崩颓。狂简徒斐然，锦缎无与裁。牢愁满天地，胸臆向谁开？身前跨朱雀，剖石收琼瑰。垂暮思归引，北望姑苏台。君恩免烽火，豺虎方喧豗。撤瑟正首丘，挽绋冥途回。路绝涩龙輴，魂指吴山隈。存没感夙昔，俯仰心肠摧。旋舆涕泗极，惘惘空徘徊。

清远舟暮

落日桂林柯，遥烟牵素罗。江流秋尽浅，山色晓来多。小市船头见，回沙棹底过。亦随商客泊，篷背有清歌。

峡山寺

轩皇变浑古，二万有暇寄。峨峨中宿峡，灵秀远来萃。仙构郁花雨，经台耸天阅。不独岩壑奇，世外幻苍翠。刻削苦矜慎，神斧不敢恣。清泉那知源，叠响泻云气。蒲薛缀溜罅，森柯凛寒庇。窈窕架阑楣，曲折抒幽媚。行高山渐深，松风送清吹。丛林蔽来路，纡坦若平地。上有百仞峰，山僧未曾至。下山酌江水，颇动渔樵意。忽欲留此居，征途若无事。势固岂能然，诚使我心醉。

浈阳峡

长风贯寒峡，五两不停飘。日隐层阴合，浈流逆去桡。排山束奔水，裂石插青宵。渔翁懒乘险，伐竹傍岩烧。

舟冲寒发久立江上

朔风吹江波，晓涉无人跣。秀色不知寒，吾兴岂获浅。目随双鹭遥，心与四山转。霜潭旋天光，云林漏岩崾。清歌忆沧浪，浏览脱尘茧。所得颇清虚，未恨同者鲜。

观音岩

入江知几寻？仰面与天迫。山僧亦何能，刳窦居此石。想当天地初，坤精自融液。结为大山骨，中空透筋脉。冯夷鼓洪波，淘荡及罅隙。沙上既净尽，赐与神龙宅。深谷久成岸，老佛乃寄迹。舟行获登践，青梯暗回易。积阴不可破，烈炬照盈尺。胡投混沌腹，辗转见开辟。钟乳苗莲萼，披纷垂洞额。驯鸽起人旁，重阑立游客。俯视渊潭空，山光混晴碧。谢汝造化奇，今始为我役。嵯峨启洞府，临江待帆席。

弹子矶

双壁起我前，沧波去相接。鸬鹚立石滩，渔舟停远楫。危峦栖白云，松林杂红叶。临舫买锦鱼，清兴偶然惬。

舟发乐昌上大汀鱼梁诸滩夜泊作

林嶂如绮交,游子心正永。舟人闻滩声,惨淡气难逞。山根吼雷回,势挟高岸骋。激湍不成流,怒石深见顶。舟外无馀隙,千篙战来猛。晚风吹管茅,夕阳下西岭。地荒伏盗寇,岁暮多虞警。垂堂理成训,习坎发深省。感此恻我怀,民困轻育领。愁多不成寐,仰视松月炯。

入虎口峡夜宿西盐滩下

惊流驶羊肠,夹嶂何时止?柔篙捷于石,轻舠欲离水。飞岚生群阴,落日灭余紫。山灯闪林端,木客歌云里。夜泉滚哀壑,梦觉推篷轻。篁烟兀深碧,杉月悬危明。寂寂岭猿影,荒荒谷鸟鸣。壮怀托行旅,对此殊凄清。

白芒泷

暮宿西盐滩,午上白芒泷。很石布犄角,蓄流下岩峻。声撼猿鸟穴,气慑龙鼍邦。风雷愤未已,水石日击撞。譬如强项人,对猛无孤降。鱼登乱篙努,蚁缘两舷扛。缆折苦失势,梗漂旅魂慅。上有行贾泣,泪雨蒙飞淙。嗟尔行路难,衔尾磨轻艭。

九峰水口

参岩泄朗奥,亘壁来鹘突。梯天累帝台,劈地拔鬼阙。盈眸动狂怪,转面成飘忽。惊泷下丛山,兹险为谁设?上欹狖挂藤,下压蛟蟠窟。云行与松动,风响或竹裂。往往见荆茅,烟中出复没。昌黎南来时,积阻试百粤。惊定书谢表,乞哀尚嗟咄。岂识山中人,步履视户阃。始知心所安,夷险同一辙。吾生本萧散,清吟激林樾。

韩 庙

乔林灵风回，荒江照金碧。结构殊庄严，未是浮屠宅。南篷挟孤忠，
丛险皆辟易。惊泷吼晴雷，万古系乱石。濛濛瘴雾消，漠漠雪云积。旷世
过相感，欷歔远征客。

宿瓦窑坪

积雨发山色，江流如马走。长橹戛札鸣，飞翠下鹢首。云端巨石
来，八面绕烟溜。嵯峨戴群木，神气独完厚。遥瞻铁汀崖，系缆瓦坪
口。天寒衣裳单，蓺烛夜谈久。世乱道路纡，兴趣时复有。诈虞亦稍
尝，未敢擅沽酒。

沿江至永兴

楚山无寸泥，纤浓绝顶竹。云影度长江，天光澈底绿。林通白板扉，
时有几家屋。木梯散岩腰，炊烟出洞腹。遥遥见荒城，水寒何处宿？

过耒阳

罗含宅畔尚兰芳，杜甫祠前几夕阳。不甚霜寒依五岭，最宜风雅接
三湘。舟中白酒悬悬思，江上青山欸欸忙。莫以凤雏飞去后，县庭无客
置壶觞。

清泉县江上道别

雪意匝江面，云容黯林端。落木无片叶，去水生重澜。君已楚游届，
我独燕行单。别路渺何极，况复天增寒。

柬衡阳令

期登南岳顶，来泛湘上流。六月传消息，孤篷苦滞留。关津更物候，风雪入衡州。楚客看停棹，舟人尽裹裘。天高猿啸绝，峰回雁飞愁。拨火残僧寺，开云吏部楼。兴穷杯酒里，心绪复悠悠。

株洲闻榔[一]

水穷见落日，林邈升孤烟。鸣榔已中流，忽复犹渚边。知有狎鸥客，何处浮渔船？澄波杳无极，思满湘中天。

【校勘记】

[一]"株洲"，初印本、重刊本均作"朱洲"，误。

雷家市江上望岳

远天蔼蔼帖芙蓉，天色徐分岳色浓。湘水曲中麇子国，楚云高处祝融峰。可能煨芋三年住，恰得扬帆九面逢。日暮仙铧吹不落，苍龙朱雀在深松。

长　沙

南望昭潭山，乔木迷晴霞。北瞻铜官渚，长风响枯葭。水泊天苍茫，暮色盈长沙。怀古使心恻，贾生营汉家。痛哭陈治安，炎祚谁能加。前席极谦叹，绛灌非谗邪。何为侪三闾，凭吊同咨嗟。至人济物怀，不寂亦不哗。用舍已悉与，漠然如虚查。年少道力浅，器大志量奢。此才竟万古，此恨岂有涯。湘流固无情，寒日仍西斜。鹏鸟去几时，聒耳城闉鸦。孤生抱微策，揽镜增鬓华。

湘江见月寄茝卿

鸿飞晓寒敛，朦胧多远烟。晚风一吹散，讶此江月圆。金波隔岭峤，斑竹临湘川。焉知闲愁生，不似绮窗前。窗前伫虚瑟，泪眼泛流泉。霜露几千里，夜夜梦随船。玉田判双璧，离居谁独妍？聊勉赋葛藟，试取归来年。

湘　上

闻说潇湘江上路，行人缠绵几回顾。涯涘苍茫今独来，不与千帆万帆渡。倒影时迴狂渚云，斜阳遥下巴丘树。巴丘木落洞庭波，帝子饮泣灵均歌。别离最苦亦有极，忘情处处纷渔蓑。精诚销铄将奈何，皇天乃为写哀怨。湘水至今烟雨多，烟雨濛濛忽明月。哀乐横生我心结，斑竹祟兰莫愁绝，湘水东流永无竭。

湘阴吊屈大夫

临流且自读骚经，痛饮还须酌醁醽。可是蛾眉多见妒，不妨鱼腹独为醒。绵绵远树迷南郢，淼淼沧波接洞庭。如此江山贮哀怨，纵无兰芷也芳馨。

乘月过湖

半度晴湖八百遥，明河疑坐月轮宵。中流水冷鱼龙蛰，不作波涛听洞萧。

宵深应是泊巴丘，月似晶盘水不流。未见楼台见灯火，最禁清露鄂君舟。

过君山

利涉空明夜，君山侧畔过。云中湘女阙，月下洞庭波。斑竹迷双怨，苍梧记九歌。岳阳楼外棹，趁晓踏青螺。

洞庭湖

秋老潇湘欲逝川，雁声催放木兰船。禹功未竟怀襄地，轩乐犹闻濒瀯天。万叶霜帆驾空永，一螺烟岛点波圆。开胸却在沧溟外，云梦平吞落照边。

登岳阳楼

楼头极目楚天宽，处处汀州老蕙兰。七泽云停骚客远，九江涨尽洞庭寒。谁能民物关忧乐，不信文章解治安。行迹悠悠偶停楫，君山赢得倚栏看。

维舟荆河口

荆河之口两岸颓，青泥蟠蟠无绿苔。征鸿尚息万里翼，奔流汗漫谁逼催。君不见，峨岷冰雪逐江水，江豚作队排波来。月影不照云梦泽，风声直过轩辕台。系缆不发乃长策，好凌不测帆樯摧。交甫去解汉皋佩，李白且酌巴陵醅。乘风破浪有期日，旅愁断续胡为哉？古来万事失欲速，江湖老大空徘徊。

舟届三江口眺望有怀陈孝廉兰甫先生

兰楫迷昏曙，蒲帆拂沅湘。鹤魂压月冷，猿响穿烟长。感寂悲易生，耽幽眷难忘。委佩经洞庭，岷流横楚强[一]。派远更地气，澜阔容天光。鸣钲神禹迹，擂鼓冯夷乡。云叶灿晴霞，浪花卷朝霜。含情聊散襟，结念还倾觞。景色倏惝恍，神理逾开张。空象贵靡遗，颓波何足伤。伤忧津徒迷，矫厉台能强。庶连龙伯鳌，自着远游裳。良谟不在兹，吾行与谁臧？

【校勘记】

[一]"楚强（彊）"，疑为"楚疆"之误。

扬帆杨柳矶晚维新堤

天风吹我杨柳矶，柳虽黄落多烟霏。青天一痕认何处，疑是荆门山影微。布帆片片如乱叶，江天无际同翻飞。新堤市上有美酒，今夜尚怜明月晖。此月屡照大江水，月圆几度人始归？

冬日晴暖六矶口作

北风吹息榜人讴，高态孤帆峭不收。长江连天浸白日，平波照耀疑清秋。投竿欲得一赤鲤，鼓擢轻拨双青鸥[一]。长途如此亦潇洒，何必萧鼓惊中流。安得江风更解事，明朝相送黄鹤楼。

【校勘记】

[一]"鼓擢"，疑为"鼓棹（櫂）"之误。

过嘉鱼

漠漠风烟白昼阴，悲歌东下大江深。事征赤壁推篷起，人似黄州载酒临。三国君臣成败局，二乔夫婿死生心。年年浊浪淘沙去，铁板铜琶响未沉。

武昌五首

　　岁暮感羁旅，眠樯栖水隈。天连洞庭下，江撼渚宫来。为过英雄地，遥怀匡济才。寂寥难竟醉，愁对岸云颓。

　　黄鹄矶犹在，曾无昔日楼。旌旗经战斗，户牖失绸缪。水阔鱼龙据，城空鼠雀愁。独携吹笛客，洒泪吊江流。

　　天堑无飞将，长年驰羽书。中丞涤荡后，相国抚绥馀。竟转南风竞，原防北管虚。不图膻酪食，得饫武昌鱼。

　　寒鸦依日影，饥雁惨江声。离乱风骚歇，苍凉杞梓生。中流羞截锁，上客喜谈兵。寂寂南楼兴，壶觞空复情。

　　江汉交流急，滔滔水驿长。遥心悬邓穀，陈迹记衡湘。大泽烟沉树，寒城雪滞帆。朔风数千里，何日见阳光？

阳台山下作

　　积石激流波，阳台汉川隅。亵语远茫渺，荆楚已榛芜。地气必上腾，生云何时无？巫山侈婘娈，旋复戏登徒。淫哗前具陈，君荒臣从谀。有汉大人赋，不道山泽癯。神仙及美色，异轨无同趋。文人自轻浮，采藻耀敷腴。冈峦块然耳，无知何所污。杨灵为叹息，捐佩久踟蹰。悱怨变骚雅，吾欲问三闾。

泊汉川县雨中寄今山

　　白日日一没，遥心与天长。岂不惮行役，未能羁故乡。寒梅开几许，征途尽三楚。漠漠汉皋烟，疏疏甑山雨。衣剑生独愁，童仆默无语。故人在空山，暂别犹相思。岁暮远天末，长歌谁得知？

溪上雪

风定雪满泽，凝寒锁层汀。鼍更夜寂寂，雁户晨冥冥。洒波泯微响，积障忘遥青。流连梁王苑，叹息袁子扃。敛嚣慰尘役，莹虑生幽馨。岂必闭奥室，暖燕围歌屏。持此和高曲，汉上谁能听？

晴

远泉林树淡回萦，岸上群山已放晴。白雪苍霞交日色，丛篁急棹乱波声。渔人网里江鱼活，估客帆边沙雁鸣。健羡今宵得明月，何当神女弄珠行。

夜泊黑牛渡寄黄质夫 名文锦

帆影黑潺湲，冉冉云水昏。暗林带星火，微闻人语喧。旅宿傍荒渚，穷冬足愁烦。仰见一痕月，遥萦万里魂。我无手足爱，惟君朋友恩。岂少同舟伴，襟期非与论。作书托阿谁，独自时披翻。念君必相忆，愿见书中言。知我写书日，垂泪思故园。殷勤半嘱君，为我慰椿萱。壮游岂不伟，常复苦迫奔。家居志士唁，境寂天性敦。君恋庭帏乐，旦夕烹鸡豚。人生爱官职，先自薄本根。功业苟难期，萧条投世屯。欲如杜陵老，岁晚归羌村。

蚌湖口寄邻里

冒寒昔游览，邻里辄止之。迢遥数千里，岂复在家时。急水自南下，烈风长北吹。岸颓鲜清波，草偃无劲枝。西笑苦征路，焉知染素衣。非故恋邻里，邻里实可依。屿中凌汉鹤，旋傍海云飞。应怜秫酒熟，相呼欸荆扉。

荆门舟行天净诸山甚苍秀

洲渚无恒姿，耳目乍昭朗。野旷片云生，天清数鸿响。涧毛阳麓包，泉脉阴崖养。高下分林峦，萦纡漾桡桨。夕岚瞻霏霏，落月明晃晃。不知冬岭寒。疑是秋山爽。含情气远交，递览神俱往。幽栖见凤心，物感思鸣掌。谁攀丛桂枝，系我紫霞赏？

汉川舟上

雁声波影两悠然，小别山旁寒满天。木落远村全露屋，沙鸣浅渚尚通船。好风未转挂帆后，微日偶暄飞雪前。傥到襄阳访旧耆，选楼呼酒已残年。

丰乐河见雁

鸿雁何时息，相将度渚矶。劳劳如旅客，逐逐几斜晖。风急犹循序，沙寒易失依。凄声飘断续，远影没稀微。踪迹荒江滞，冰霜故土非。愁心何所寄，好向岭南飞。

入襄阳

水深鱼知聚，林密鸟有归。车马控南北，丛山仍翠微。沉沦混耕桑，贤豪得所依。事随流水逝，心向闲云飞。困步不足投，旷怀焉可希。愧非壮士操，难与同忘机。北风撼长剑，晴日照征衣。吾道本龙蛇，何用生嘘唏。

游鹿门

独下岘山隈，屈曲过诸岭。兴怀寻鹿门，遍地旌旗影。烟霞何纡徐，豺虎厌幽冷。沉沉桑下谈，心长语当警。平生亦奚为，末学真土埂。

登襄阳城楼

王粲楼头天地空，萧条短日积阴中。南山车骑冲飞雪，汉上旌旗猎远风。谁信奇才甘隐逸，独怜耆旧总英雄。茫茫今古身如许，雉堞连云有转蓬。

黄云万里散飞尘，目极天涯近北辰。时事未平峦触斗[一]，闲身惟与接篱亲。峨眉峰远桑株老，岘首亭高柏树春。山泽多岐迷所往，《白铜鞮》唱正愁人。

【校勘记】

[一]"峦触"，疑为"蛮触"之误。

登文选楼

层台挹神秀，极目荆襄山。近芬六籍后，遗采三唐间。白日此长照，青云焉可攀。高斋凤笙侣，翩如相与还。

隆中诸葛庙

言寻诸葛庙，骑马入云峰。两汉虽近古，人才无卧龙。赤帝草庐币，黄冠花院钟。榛苓异代意，聊复得从容。

赠昭明台道士徐任

瓢笠荆州亦寓形，岂凭芝术系千龄。武侯庙里寻仙侣，文选楼头置道经。紫气青牛心了了，白云黄鹤迹冥冥。佐卿洪客原多事，身感兴亡未蔽肩。

除夕新野旅舍作[一]

疲马少安蹄，冲途失平辙。荆豫本接壤，朔南连燕粤。厥土遍涂泥，禹画未能截。十步九颠顿，毂陷马骨折。朝食每亭午，夜宿望星月。况闻鼓角哀，盗贼久不灭。军书夹道驰，壁垒凭险列。诸侯守威重，郊野时蹀血。行人避荆棘，却踏豺虎穴。恐惧聊相将，前进更自决。历思乱离频，民心渐奸桀。未忘身家念，苦视纵横舌。坚瓠岂足用，金瓯虑微缺。艰难度黄渠，流潺泻残雪。不知大河北，几日见宫阙。倏已岁云除[二]，去晷电光瞥。暮投南阳人，对此灯烛热。贤主祭井灶，歌祝同欢悦。烈士悲徂年，客子无新节。盘餐虽具陈，索枕形神劣。劳劳逐东风，中原响轮铁。

【校勘记】

[一]"除夕"，重刊本作"徐夕"。

[二]"除"，重刊本作"余"。

夜不抵驿投昆阳秀才家言年老丧乱适返所居晨雪

春原事行役，景象何萧瑟。途多素冠履，野鲜完家室。暮鸟竞归飞，遗燹使心栗。天寒悲风来，回盼坠残日。石很水泉冷，云暗庄蹊失。星光照惨淡，前路黑于漆。寻林扣村扉，主人杖藜出。朴见老成身，愁识凋零色。粗粝儒者餐，枵肠亦稍实。换烛叹兵革，行师乏良术。流离今辄归，祸患焉得毕。虎符消息沉，征敛及纤仄。掠骑纷无期，游兵爨朽荜。西畴绝男耕，南窗断女织。封狐当昼蹄[一]，阴磷夜绕膝。妻孥半为鬼，岂复畏此物。道旁枫柳根，白骨何人恤。有生宁不化，世乱至斯极。名徒系青衿，谁暇责文笔。负锸欲掩藏，衰颓常力屈。未知埋身地，近事讵堪述。我疑昆阳间，汉铁或可掘。凛烈春陵将，义激意强崛。志勇本性生，作势赖倡帅。豪杰急旗常，小民卫亲昵。战声苟能震，鲸鲵死呼叱。乾坤杀气盈，大造应潜泣。孰其执国钺，专阃介胄揖。坐见草昧屯，惟宜丈人吉。

扫除奋方略，斩戮即功德。欃彗乃纵横，外侮乘金阙。酣居娱赭颜，得无有疢疾？贱子怯尪羸，排空少毛质。枥马同不眠，荒鸡苦相䶙。搔首东方明，扑户又雨雪。凄聆扣辕歌，寒怜仆夫发。遥程稀乐土，万类久骚郁。蹙蹙驰驱艰，忧时羡台弼。

【校勘记】

［一］"䶙"，疑为"啼"之误。

昆阳怀古

六十三家兵法投，汉军止记斩蛇秋。真人时起风雷壮，大敌终摧虎豹愁。复见灌郭驱后羿，岂徒涿鹿破蚩尤。昆阳一定中兴局，赤帝神灵在节侯。

颍 谷

春晖自舒长，平原亦蕴藉。乳羊卧浅草，慈乌下深柘。独悲远游子，劳辕未能卸。养非待君羹，行忽隔亲舍。

夜至新郑

为谁衣剑夜匆匆，万折千回思不穷。夹道通车中岭月，大城当马满桥风。微闻溱洧鸣寒溜，如此星辰照转蓬。底似栖乌少惆怅，垂杨安稳小堤东。

渡 河

自笑南人知碧海，始随北客渡黄河。霜寒沙阔失崩岸，云乱帆回鸣涌波。能见澄清从古少，不逢风雨得天多。安澜欲寄家书慰，愁望关山依醉歌。

铜雀台

邺台千载锁漳云，霸气消残白日曛。故妓佳于羊叔子，西陵疑是汉将军。英雄终羡神龟寿，歌吹难教石马闻。岂见托孤临白帝，武侯丞相赤符君。

邯郸怀古

围城玉貌见高风，倜傥权奇想象中。东海波涛千古在，西山薇蕨寸心同。垂头齐帝兼秦帝，裹足毛公与薛公。豪举岂知天下士，处囊犹是笑英雄。

题邯郸卢生庙

富贵无端苦认真，丛台终岁阅车轮。寻常枕簟皆腾睡，裨襪襟怀美满春。白璧黄金方赫奕，才人厮养忽沉沦。鲁连不作虞卿杳，都是卢生梦里尘。

保定与许仙屏对酒名振袆

春风杨柳接金台，行尽中原花始开。心上事浇清圣酒，眼中人是轶凡才。共听燕赵悲歌起，不见荆高鼓掌来。意气青云各倾倒，风尘行役最堪哀。

明月店

明月店前柳浅黄，低垂未及马鬃长。西山青碧奴子喜，下车相为扑衣裳。

却听明月琵琶愁，歌女来前能饮不？风雪尚严关吏傲，更当辛苦渡卢沟。

卢沟桥

都城咫尺慰劳人，斗极平临认要津。瘦马过桥吾岂客，暖风吹雪意知春。弃繻未谓终童壮，对策曾思董子醇。踪迹南来半天下，可能利弊一敷陈。

承光殿玉瓮歌

巍峨广殿红云烘，玉瓮奠定当其中。形质奇粹百怪备，月斧琢削非人工。翼鼍角鲤鲮四足，蛟缠鳌戴云涛重。金曰至元旧法物，球刀东序将毋同。昔者六飞返沙碛，角端声寂荒秋风。孤臣出塞寻故主，进御难走毡庐穹。周鼎甘沦泗水上，汉盘取向当涂宫。道院沉埋三百载，冬葅夏虀堪长终。真人秉箓入山海，北方紫气盈居庸。名王抱足木兰狩，故国将佐皆从龙。石鼓既已置太学，尔瓮亦得经重瞳。千金一旦辇天上，元精烛汉光熊熊。腹镌奥词葛天唱，明扬侧陋思俊雄。当时贤能皆得职，赓歌笔力行长虹。伟宝无价有良贵，人才不举非至公。迄今万国争快睹，传诸典训播瞽宗。金辽遗器无一在，鬼神呵护天为功。兴隆之笙劈正斧，起辇弓剑齐无穷。休哉持以励天下，怀瑜握瑾思寅恭。

送杨心物落第归宜都 名守敬

班荆习池上，连袂燕市旁。皇都富贵云，胡为独彷徨？抗怀不语人，失意乃辞章。郁郁莫自疑，临行各倾觞。识子曾几时，深爱使心长。连萍却北散，独鹄忽南翔。踌躇怨日晚，携手登重岗。前涂山弟曲，去路我所望。心迹苟不逾，暌违何足伤？行矣有宏寄，白日悬晶光。

买 冰

买冰不却暑，内热古所叹。邈矣巢居子，心淡形神宽。禽鱼共晨夕，泉树交岩峦。宅前太古雪，时时生昼寒。

山堂话别图为陈朗山先生题_{名良玉}

我如海云偶上天，长风吹之至幽燕。名山过眼不得留，故人远忆徒黯然。山中猿鹤应怨叹，子来何又辞群仙？此邦职事属烦剧，冷官强分司农钱。手板低头杂尘土，吾辈岂以奔走贤。忆我去岁珠江游，侨居正在朝台边。山堂咫尺足豪俊，与子交久尤殷拳。路绕蔚荟几来往，落红缤纷多木棉。谈深屡听城坼起，半夜步月殊不眠。醉乡既获王东皋，游迹欲学司马迁。良朋胜览那得并，秋风独放荒江船。长安索米久无谓，齐门鼓瑟何求焉。朝来驱车下通潞，垂杨短苇波沦涟。北方见水自乡思，况挈此图置我前？忽教惆怅忆交旧，南云定见摇征鞭。好剔高固庭前石，饱濯安期祠下泉。丈夫穷达既无系，著书饮酒皆闲年。

送桂皓庭往安庆大军_{名文灿}

大江无数载枝沉，不惜高台市骏金。伏阙万言成底事，随身一剑动悲吟。群公忧国犹戎马，名士乘时好纵禽。此去若逢陶士行，弥教珍重昔年心。

君从析木津头发，南望吴天路正长。铁瓮阵云常带雨，铜陵旅月不胜霜。南人应重罗昭谏，北海曾言盛孝章。只是功名无定局，春明梦醒断人肠。

陶然亭

帝城春尽花逾丽，独向陶然亭上来。不是身闲聊酩酊，最怜地僻少尘埃。垂杨阑槛游蜂乱，嫩荻陂塘乳燕回。却忆乾嘉全盛日，此中私宴尽邹枚。

天宁寺吊姚广孝

城西道衍被袈裟，官贵依然转法车。饿虎深藏将寂灭，毒龙不制尚纷拿。既贪白帽教移国，空老红妆算出家。至此僧凭少师意，游人来醉牡丹花。

敖静甫招同人赏菊分韵得归字_{名册贤}

故园秋菊同春菲，南霜暖酿枝叶肥。花时里闬二三子，招邀篱畔恒因依。自来金台断消息，缁尘满面花应非。隙地亦复栽数本，瘦如旅客甘调饥。主人爱菊尤爱客，折柬不待呼荆扉。初冬有花尚如碗，筵间罗列锦作围。一时座客尽豪俊，惭我抱拙空尘轨。花前酌酒共欢笑，高谈不顾时人讥。酒酣歌咏还间作，夜深爇烛忘霜威。此花迟暮古所惜，此人卓荦世所稀。明当付书倩宾雁，故国且漫思当归。

春晓见大雪

去岁一冬晴，风尘时间发。梅花取此开，因之想飞雪。今岁春已温，忽复见飘瞥。晚饮兴不浅，就枕抱余悦。疏杵警残梦，纸窗满明月。寒光逼启户，万象森然列。漫空大片来，沾洒殊未绝。仰视天地间，乃有此清洁。焉得忘溪山，素心人与说。

何雪园令广通送至卢沟

闻说滇池地，如今尽阻兵。只应为吏日，依旧是儒生。书任随车满，花当判袂明。卢沟一洒泪，京国不胜情。

买牡丹

金水雪消乱车马，名花自春不言者。园公夸说我岂闻，花亦如人盛名下。雕盘画缶满栏杆，绿妒红慭为标写。年来百种迎东风，非若粗疏即妖冶。未轻许可意有归，牡丹巨丽梅花雅。牡丹吐艳春堂堂，《清平调》后无文章。可怜老梅体清瘦，先回天气凌冰霜。方今山泽工师忙，梗枏无语参天长。欲事贤劳损淫玩，移根鲜复侈洛阳。吾徒藉花慰羁旅，岂知战地荒耕桑？呜呼！自古尤物使心醉，破箧典尽春衣裳。

寄黄今山

榆荚声乾闷依阑，蹉跎岁月尚平安。一生知己岂多得，万里致书良独难[一]。作客何尝废欢笑，似君原不惜饥寒。中朝政府未便谒，谋垦山田同鹖冠。

【校勘记】

[一]"致书"，重刊本作"至书"。

送何翼臣往徽州 名辅清

长啸岭海间，窥君无人态。先我来燕蓟，亦复鄙群碎。君怀固放旷，我性稍褊隘。时见鹤身长，每恐凤羽铩。醉中呼酒狂，醒后却相戒。惟君知我愚，积久不骇怪。我更感君真，泻怀获亲爱。凌晨忽过我，皖江远行迈。离别方自今，一樽与谁对？

君交雪园子，与我亦绸缪。昨往官滇海，相送渡卢沟。回首失双阙，愿见城上楼。顾言所处异，羡君与我留。我言堂上人，白发皆盈头。以我思庭闱，亦如恋皇州。君今同此意，车马去悠悠。衙斋接爱日，岂复生乡愁？惟我独惆怅，一日如三秋。长安不易居，万里同为客。

计君行时路，是我来时驿。我来亦何见？平原秀荠麦。今乃复青青，两岁嗟行役。名微言论鄙，世乱忧患积。促膝已黯然，分携苦相忆。倦游还自慨，梦逐南飞翮。

海淀赏荷

香车宝马绿杨堤，堤北堤南莲放齐。山气扑衣如雾雨，花光映日作虹霓。十千美酒寻常醉，三五知交取次携。越调吴腔应用得，碧筒消夏使人迷。

赠潘孺初 名存

落落惟君许岁寒，计君十载客桑干。忧愁恒欲吟诸将，屯蹇何曾系五官。赤手难施须纵饮，白头旋及庶加餐。男儿半百无多日，平地神仙有达观。

大荒我忆跨麒麟，误入名场三十春。太乙青藜惭汉世，女娲黄土作唐人。未能偕隐谁招隐？正是迷津欲问津。天下事原为不尽，古来英雄半沉沦。

黄湘云亦园小酌 名云鹄

官职杨雄寂，文章韩愈深。才征上下古，时历去来今。自有连城璧，都无谀幕金。池卑寓楚泽，台小见燕岑。庭宇真村落，衣冠亦陆沉。怀恩恋廷阙，好事接山林。曲径闲邀客，芳园时鼓琴。花通烧药气，竹称煮茶心。晚眺留同膳，宵谈约缓斟。蔓菁摘槛外，薯蓣掘墙阴。淡薄知明志，殷勤为赏音。委蛇素丝日，冰雪洒兰襟。

有 竹

六月雨水盛，花市列新竹。却笑苏子瞻，易语罪难赎。山中青琅玕，锄根因不俗。不俗尚为累，痴绝纷满目。梅以清傍檐，兰以香入屋。何为忘归山，奔驰及草木。我痴同一辙，舆土出城麓。窗隙墙阴间，密种千竿绿。筑池与照影，编篱与防触。日揣笋节长，夜梦篁粉馥。风来更潇洒，雨过胜膏沐。好事未能免，颇比湘江曲。暑将撤冰盘，饥候啜茗粥。漫肤肥可憎，不敢更食肉。坐对《离骚》经，时听戞鸣玉。语竹莫怨嗟，我亦自岩谷。

得 石

春旬罗珠犀，百货竞填积。内嗜难强同，随性为物役。目力所到处，森然雪峰白。精神倏奔赴，群众略辟易。擎之当眉额，幻想出深癖。海水吞青营，苦恨沉碣石。阴火铄顽矿，仅剩琼瑶液。何年落幽州，岂料为我获。旁人虎视眈，绝吝悔不迫。携归几案间，精微察其脉。中有两嵯峨，飞动擘崖壁。其上云瀑凝，其下谺洞宅。其势可蠹天，其质不盈尺。人间少此境，谁知蜡游屐？天公慰我愚，孤僻地步窄。莫谋夺所好，无欲实佳客。

登蓟丘

燕市高楼倾碧筒，醉来郊外倚晴空。召公封土千年古，秦帝边垣万里雄。日落星辰环北极，鸿飞山海起秋风。李将军没无人语，老柳黄沙感慨中。

游碧云寺

壮观煌煌碧涧隅，层台云里数浮图。松杉缥缈三山入，栋宇迷离万象扶。委鬼衣裳徒气焰，梵王钟鼓本虚无。夜来花气诸天合，岩溜循除宝月孤[一]。

【校勘记】

［一］"循除"，重印本作"循徐"。

卧佛寺

汉家金狭罢飞腾，侧卧无缘问上乘。会是津梁疲便得，法堂偏袒紫衣僧。檀旛玉磬隐云坳，别馆离宫辇路交。卧佛岂矜龙象力，御松为结凤凰巢。

昆明湖绣漪桥上作

松柳菰莲紫翠浮，金银宫阙似瀛洲。鱼龙得水消残劫，蝘蜒行空望早秋。荀况有心陈正论，杨雄无计畔牢愁。凫鹥不禁时来往，忙却沧浪钓月舟。

送张香皆 名盛藻

君念高堂切，酬恩有谏书。得归犹恋阙，此去岂悬车。豸职须才久，乌慈反哺余。勉思移孝事，早晚拜丹墀。

七夕咏牛女

练河咽水舞鸳鸯，愿宿卢家菡萏塘。寻常伉俪能共影，菱荇腻语青眉长。仙灵情根种来苦，织室牛栏割云雨。十万天孙行聘钱，阿谁永注氤氲簿。星垣霜露温春风，痴鹊拍波联彩虹。整踏柔云凤头袜，人间泪雨飞梧桐。子夜相逢凌晓别，幽悃缠绵几曾说。蛛盏鸾针负翠娥，岂有余闲心巧拙。玉阑斜依弹香襟，啼红发缕愁人心。阿蛮私誓亦复尔，璇闺无情方夜深。飘蓬才客流霞酌，遥望軿车向空落。百年长作并头莲，不期富贵汾阳郭。

送李爽阶令天台_{名士垲}

天台一万八千丈，我昔梦之神魂惊。即今北岳恣游览，心如越鸟常南
萦。李侯辞我宰斯邑，先期已有仙者迎。炎风朔雪两无有，清职犹可依蓬
瀛。好为下界扫疵疠，蓑笠时杂芙蓉旌。闲来挂笏恣吟啸，仙才吏治谁能
名。索米长安笑臣朔，何如彩霞观赤城。我宜骑龙掇芝草，他年定听瑶琴
声。名山猿鹤各得所，留连岩壑忘尘缨。茫茫揖别黄尘道，钱塘水暖江天
明。桃源美人忆刘阮，玉京旧侣能无情？

书 怀

岁取数千士，额养百万师。期间将相出，不如开创时。真乃庶民母，
厚乃大政基。岂云非智勇，古人重有为。

天地初无人，谁复撼天地？荒凉泯万劫，知非天地意。未能返太素，
只得尊权位。圣哲挟道往，大造绝无事。

贱时慕饱暖，贵来谋子孙。斥却治乱故，无复入耳根。嗟嗟岩泉中，
谁一扣天阍。绝利正本源，宇内如羲轩。

请看神禹鼎，九州铁始足。更看帝台栋，并是洪荒木。易成无大器，
凡才为用速。人生当努力，名实见于独。

小院调毕东屏_{名保厘}

柳弹莺娇春昼迟，吴童曼睐妒蛾眉。花前把臂宜歌扇，月下谈心赖酒卮。
毕卓岂忘名教地，陈遵未识尚书期。万缘欲向沉酣尽，平素襟怀愧尔知。

戒台寺

乱山拥寺出，一面敞窗扉。边塞苍苍气，京郊历历晖。僧多齐顿渐，

松怪欲腾飞。凤舞兼龙攫，云房翠满衣。

岫云寺

尽日泉声里，峨峨潭柘山。云蛇开佛土，梵树冠人寰。珍宝前朝事，皈依古帝颜_{寺有元顺帝像}。岂知黄屋贵，犹羡白云闲。

游西山失路三鼓后返至卢沟桥饮酒

揽胜穷幽险，重昏无路还。夜深猿鹤数，秋凛月星山。涉涧苔时践，登崖葛屡攀。卢沟灯火在，酒店扣人间。

由通州至蓟州题壁

平沙淡月认三河，潞水盘山瞥眼过。霜杀秋声边草尽，水涵晓影塞云多。有谁铁箭驰雕鹗，无限铜铠响骆驼。遂我壮游寒更好，胡儿貂帽武灵靴。

鼓鼙老死不闻喧，我羡渔阳百姓村。城撼重关山海靖，陵蟠千障帝王尊。书生何用安边策，将帅曾酬养士恩。知否中原离乱息，东行终愧托公孙。

一　室

间身只得慢悠悠，行坐翛然一室幽。少读传书文易作，能行古道友难求。绵袍不典留消腊，石砚聊耕听有秋。鬓里二毛忍便见，天原无奈白人头。

过黄湘云阁部

当街终日掩闲门，中有先生独乐园。壁藓多年凝涧户，檐梅得月似江村。交惟羊仲偕求仲，著就《方言》俪《法言》。爱与狂奴频对语，搜寻应许见根源。

燕中吊古

桑干碣石霸图余，尾舍箕躔剩故墟。屠狗论交民气薄，削猴食禄将才虚。堪伤义士高离筑，不负贤台乐毅书。歌哭无人吾岂敢，九原可作为踌躇。

与邓铁香比部闲话名承修

樗散消磨旧岁华，故人大半已宣麻。光芒岂必陵牛斗，神骏还甘让渥洼。云立几看关外树，雪眠时梦岭南花。君真鲍叔能知我，日日闲轩共煮茶。

哭陈湘史名观成

贤愚虽异趣，荣贵群欲希。怀辛历寒暑，缁尘空满衣。思家万里路，谁知绝生归。凄凄旅祭少，咽咽灵爽微。穷交惟我在，乡梦犹并飞。不死返尔枢，食言终愧肥。

大雪与陈朗山饮元龙楼

西城大雪车马寂，驼铃间过闻陵竞。铺街压屋荧远目，突兀金碧惟觚棱。西山晓色更奇快，紫翠洗尽寒光腾。风藏日匿拥城立，白云嵯峨连天凝。平生酒人不畏冷，抱愁膈下腹有症。朗山先生在通潞，长安富儿呼不应。天南地北独恋我，屈指胐缩频环绲。孤旅破颜接亲串，昨者送客投行滕。读书万卷苦幽萤，肮脏善饮真良朋。元龙楼头酒清酽，饱酌坠驴屡忘惩。登楼赏雪不我阻，斛石匪计岂斗升。䵍羔䵍凫滑鲟尾，铜炉鼎沸暖郁蒸。盈觞莫惜恣酪酊，听说

胸臆交情增。自到京师积日月，坐无长策生涯仍。贱性僻野礼节简，高轩即过
焉敢承。意气胶漆二三子，大半穷窭归春塍。尊前典型幸羁滞，郑虔毡冷衔堪
冰。世隶王人矢报国，赤徽筹笔逢军兴。须发苍然勇大敌，鸥鸣骹箭凤所矜。
一官万里乃儒素，贫别妻子无家僧。日上蓟丘感畴曩，文字塞箧躬钞誊。宰邑
犹远吏部选，反逊荔浦垂渔罾。小生落拓亦碌碌，苟攫名誉遥担簦。樗材不许
望廷陛，飞鸣颠蹶如霜蝇。讵知醉乡旧徒侣，笑人齿冷挥其肱。堆盐六花几尺
厚？丽谯叠鼓街市灯。忽思年来戮死骨，将相到手嗟无能。且满百榼得放旷，
古来达士宜非憎。各于曲蘖既有分，追随永久宜服膺。明晨未去更欢聚，西山
晴雪弥崚嶒。

与杨心物上妙峰山书六百二十字纪之并索同赋

西山拥神京，众峭尽臣仆。崔巍西山顶，万象愈完足。杨子荆州回，翩
跹压尘俗。邀我脂轻车，百里沙树复。皇穹渐蔽亏，大觉荒广麓_{大觉寺在山麓。}
人群蜂蚁旋，马鬃车错毂。倾都礼山灵，攀跻宵昼续。群游意弥浩，为乐颇
胜独。逸步忆笋将，老僧劝乘桐。山多若波涛，舆稳如胪舳。岭断数峰连，
峦起数峰伏。岩毳松响奔，壁路藓纹蹙。后颡冒前趾，健骨耸腾目。金鸦乍
掩规，朱雀遍衔烛。或升百仞冈，或注千寻谷。燔星缘峥嵘，炽雾入隈隩。
云昏彻重霾，月苑苏余腩。颠飙啸炎红，酣岚扑朗绿。蜿蜒走骊蚪，匝山肆
伸缩。蟠纡砑壑底，鳞甲灿万簇。潺湲三叉涧，聿露百家屋。大围开葱蒨，
清籁镇静穆。昔年燕市戎，避地人争欲。伊余泉石心，膏肓痼平凤。焉知灌
莽中，无人狎豕鹿。沽酒共酬之，举杯始相属。杨子据膝歌，歌声裂楚竹。
絮语会合难，沉叹日月速。阻绝山水兴，上书干微禄。兹游岂容易？宇内方
杀戮。我顾子何云，休使愁成斛。醉谈夜已深，且就茅茨宿。未晓陟层巅，
一气裹岳渎。沧溟涌义轮，北斗垂媪轴。黯晖但团团，回汉尚煜煜。临东摘
启明，揽艮窥大畜。大山互低昂，小山纷华朴。整整呈端倪，荡荡藏员幅。
尊凝五帝旒，雄竖六军纛。跄貌罴狱狐，跱鹏隼鸳鹄。已驰而却回，似偻而
弗覆。瓢飘看欲飞，演漾疑可掬。九垓接混茫，三边凛严肃。何从辨长城，
悬知压甸服。神迹拔卑湫，形势解缚束。置身苟不高，胡能荡胸腹。逍遥徐

徜徉，纤屑亦流瞩。林薮唤驯禽，台观绕荣木。警秀乱石苍，媛妍杂花馥。韶青刷眉鬐，冷泻送琴筑。此山太行首，恒岱俪乔蠹。神仙所窟宅，灵秀所钟毓。既为极天游，不蹐未容局。众人求其求，因果自多福。吾人适其适，龙蛇忘起陆。争饶几触蛮，凿穷两忽倏。徒思千载名，忘羡八州督。拯世苦陷身，近宠讵远辱。何妨杜德机，更耻标才族。处处友樵隐，日日携被襮。庶以幽邃告，同怀导来躅。杨子尔好奇，作诗偕畅读。

奉和郑畲庵主人消夏六咏

拓　铭_{商周古鼎彝}

前徽不可逮，环堂罗吉金。遗铭法语垂，勋德诚与箴。一器计万世，仰窥古人心。□吕诚嗜奇，继者思何深。吾释宣朝榭，邡敦求细寻。

读　碑_{汝南侯获碑}

宜禾汉都尉，伊吾留片石。初连牧马儿，亦有堕泪迹。穹庐覆苍苔，风□□□□。裴岑公并存，充国事同核。毡推出残墨，摩挲认波磔。

品　泉_{古钱}

龙马行天地，九圜通流泉。当时物力丰，肉背文理妍。世禅年祀远，彝鼎同擎拳。美人金环刀，不与鹅眼联。兼收无留良，杖头休并悬。

论　印_{周印文曰□都右司马}

吾丘辩禹穟，数典忘玺揭。赫然司马章，电闪双眸裂。夏官都家分，楚□左右列。殊非禩庚官，立两符郑说。粗才拙雕虫，斗大羡旄节。

还　砚_{墨妙亭断碑黄石斋琢失去复得}

伏灵刻作础_{法源寺李秀残碑}，精光耿琳寓。吴兴墨妙轰，螭若石斋字_{操月斧}。中有洞玑神，上与髯仙语。赵璧终返赵，楚弓仍在楚。庶增龙尾价，未嫌铜雀伍。

检 书_{宋本}

汗竹镌石来，宋椠备诸善。晁陈旧繁录，钱顾今独擅。山房人唐述_{主人斋名}，下览复难遍。楮墨发奇香，芸锦含古绚。何当收桑榆，晚学置万卷。

送朝鲜使臣归国次其席中留别原韵

分封依旧访畴先，王会图中浩荡天。雅宴独瞻专对选，来宾幸际中兴年。九苞画凤宜频集，五蛰师龙未暇眠。接壤青营仰屏翰，皇华归去谧周边。

清明日与谢麕伯游龙树寺_{名维藩}

麦陇高低嫩绿生，相逢并辔即同行。愁寻老佛都成癖，春为闲人故放晴。槐树当庭三叹息，梨花如雪几清明。双楼尽日东西望，湘浦漓江无限情。

游龙泉寺

春风随处赏韶光，遥指昙云到上方。供佛花多香溢径，垂檐树密绿侵堂。飞轮缥缈回龙女，吼柱庄严镇象王。钟梵稍停僧人定，任教四大坐禅床。

徘徊呈潘孺初

鸟声花气共徘徊，月院风窗置酒杯。隙地换泥都种竹，沿阶浇水要滋苔。交延周室藏书史，游近燕王市骏台。独羡二毛非昔鬒，间居常赋有馀才。

与张孝达夜话

酒阑车动众宾还，抵掌灯前一惨颜。积水横流更岁晏，大星连陨正时艰。著书几辈传环海，说法何年限铁山。徒拥百城销白日，强从劳苦事潇闲。

与许寿民游花之寺

香围精舍碧如茵，绮树连畦趁艳晨。南苑晴云低院落，西郊流水转城闉。春原色相花皈佛，法最缠绵鸟认人。便觅壶觞相笑语，已忘十丈软红尘。

送董岘樵之官巩奉阶道

屡陪梓泽兰亭集，文酒风流羡得朋。暂别又持巡陇节，前番旧授缚凉缯_{前曾为甘凉道}。武都策画资虞诩，秦地烟岚恋杜陵。莫忘海棠花下饯，好飞金爵上觚棱。

题郑司农画像

旷代纯儒卓不群，纂修千古一纷纭。泥中奴婢通经旨，梦里龙蛇合谶文。孔籀永留高密县，范书徒引豫章君。谁知木铎鸣衰汉，郑志成篇意已勤。

代韩子东自云南入觐题其座师龚文恭公嘉庆壬戌同年雅集图

当年桃李占春芳，全盛人才寿且昌。千佛经传龙虎日，三朝恩被鹭鹓行。登瀛声望推房杜，寄钥勋猷仰寇张。今日丹青瞻气象，岿然惟是鲁灵光。

师门年友旧知闻，沆瀣相涵气未分。久祝心香偕后辈，亦披齿录念同群。滇池别去孤如月，魏阙归来散似云。欲绘一图传衣钵，招邀何处共论文？

夏日与廖云氅游法源寺

同来幽处择栏凭，静极翻忘暑气增。楼迥檐楹迷万木，殿深旛旆冷孤灯。语言亦障谈何事，潇洒随缘得上乘。为问廊间补衲老，长禅休羡水云僧。

泛石闸海观荷即饯张香涛主川试

荡舟直至荷深处，罨画楼台傍沼回。杨柳聊依金水折，芙蓉已似锦城开。马家兄弟当时望，文氏生徒上国才。他日荐雄应会此，清风重拂碧筒杯。

漫兴并示同志

绝迹缁尘轸盖闲，倦飞惟羡鸟知还。安禅夜榻心先睡，读《易》晴窗鬓任斑。默里经权通大造，懒来门巷隔深山。王孙休作淮南想，桂树丛生正可攀。

登贤台

凭高一吊召公孙，致仕终能为道存。乱世君臣如此少，昔年王霸与谁论？狗屠沉醉看燕市，骏骨惊寒滞蓟门。比乐长吟在何等，黄金毕竟是私恩。

南　苑

天边灵囿蔚云林，极目缭墙薮泽深。习射一朝严武备，当搜百辟警虞箴。时清凫鹜增繁响，岁久熊罴息野心。无复远人夸搏兽，赋成《羽猎》自长吟。

夏日陈小田招饮谢公祠和云甓原韵

湘帘薪簟四檐森，绿霵回栏院落阴。座上觥筹消热脑，壁间琴砚惹凄吟。磊砢大节谁如古，舒卷闲云我至今。羡否桥亭霾迹尽，酌泉煮石静追寻。

和陈小田欲邀同人游西山避暑韵

畴昔曾游积翠间，祇园县舍各依山。峰头日月悬幽旷，壁面云霞幻驳斑。缁锡多情犹记忆，禽鱼不讶任来还。避炎大有清凉地，婉转青梯作导攀。

和许寿民闲居原韵兼呈贡臣

解脱何妨人海间，鲈鱼虽美未须还。莺花适意阴晴候，兄弟齐名大小山。泗石磬声琴百衲，湘波帘影管双斑。尘中毛薛犹倾顾，谁道高云绝仰攀。

代梁斗南祝其师叔贺仪甫寿

危城昔日布春风，秉铎能参战守功。龀岁翻思黄鹄子，秘传群述白猿公。及门桃李弦歌遍，旧社枌榆杖履通。遥祝卯君伴坡老，幕辅赢得酒颜红。

题玉泉院听泉图

山气袭人岚满衣，泉声入耳尘想稀。岳莲无际远送响，崖树相接深作围。淙淙流云落石涧，泠泠泻月环松扉。老仙忘情壁根卧，喧寂不管谁能几？

江亭独坐图

独坐江亭诸事删，为耽幽趣那知还。乍晴乍晦天难定，忘夏忘秋人易闲。树漏日光穿乱石，水铺云气接遥山。曾无问字多携酒，闲笑杨雄安此间。

谢辛田广文诗序

廿年相见即依依，池草名高晚近稀。妙景大都参画理，闲情常半寓禅机。无穷世事桑榆暖，随分生涯苜蓿肥。为有金渊传作在，不妨频扣老仇扉。

题董岘樵太华冲雪图

突兀三峰天可扪，寒光驱尽满堂暄。鹅毛缥缥莲花萼，驴背迢迢箭括门。素积深松眸自晃，青埋峻壁掌无痕。旧游入画空相忆，王猛陈抟今岂存？

送李若农南还

封事潜书亲密惊，十年侍从念殊荣。朝无缺事防丛脞，退有馀情丕圣明。赐筋悬思双凤阙，买舟遥指五羊城。故乡近亦彫残甚，吟学《秦中》稿要成。

仙崎洞柬同游诸子二首

恍留琼篆与丹囊，传说仙人旧隐藏。滚雪瀑飞三叠白，绿云石耸八棱仓。壁间丛筱生寒籁，岩顶垂萝透碧光。鸣溜成溪萦荟翳，好寻幽绝置仙庄。

乡山奇极仙崎洞，五十行年始一来。屐齿蹈时池可汇，杖头撞处壁为开。五千言获著书地，十八贤皆结社才。泉石烟霞丰岁月，定教光景俪蓬莱。

题准提阁

欲觅依村桑稻田，药炉茶灶作顽仙。竟难冷局抛当世，仍被才名误少年。天末湖山迎对面，海滨宾友失随肩。人生习静非容易，一过林间一赧然。

再题准提阁用原韵

礼佛何妨衣水田，名山曾作地行仙。悟来贤劫参千偈，悔后枯禅欲九年。金雀觚棱谁著足，铁牛车轭已离肩。园林到处皆堪画，且遍挥毫学巨然。

准提寺白莲花

瑶池仿佛忆仙妆，静洗繁花色相荒。爱洁宜生天上界，避炎刚立水中央。红尘不到风无滓，清气频吹月有香。我亦乘凉张翠盖，相看同着白衣裳。

与某友席间酌酒有怀而作

去年杯酒共踌躇，慷慨樽前抉蕴储。不受洛阳王猛拜，应怜辽海管

宁居。龙吹大泽千寻浪，蜗寄荒滨半亩庐。惭愧相思倚禅月，贯休云鹤
为传书。

题朝鲜使臣梅花图

朝鲜远天末，风闻洪范存。岂知三韩表，复有罗浮村。野槮夜腾光，
纯气含乾元。重荒断人迹，蠡蠡千年根。得之乃无价，求者蜩螗喧。谁怜
严寒枝，冰雪舒春温。松间使者家，梅花作篱藩。仙云延静伫，幽月开黄
昏。情怀藐姑射，欲语常忘言。应载孤山诗，岁暮离中原。相随坐台石，
索笑倾清樽。

与廖云氅鹤年陶然亭作

久客常梦归，春草迷海岸。晚来送归客，偕归苦难断。敝帚享千金，
岂足为世玩？昨闻孙阳殂，驽马亦惊叹其时曾文正公卒于金陵，旧感不自聊，新愁
复淆乱。近邀同心子，闲游聊汗漫。皇州二月寒，迟见百花灿。地僻隔尘
喧，凭高卷窗幔。云开山雪明，泉动陂冰泮。和烟柳意苏，坼雨荻芽短。
呈露惜芳华，流览脱羁绊。香泥九陌遥，宫阙中天看。缠绵捧檄情，几见
时物换。肯乘下泽车，万事即过半。徒嗟宵昼忙，坐使精虑散。竟日参风
旛，更番溢茗碗。转图酒家去，清酌应无算。君观嗜好异，蜡屐与习煅。

为谢麐伯题彭雪琴宫保墨梅

衡山抱膝四十龄[一]，世人扫迹梅忘形。偶然济屯起幽蛰，天门地户
驱风霆。郡村摧挫万卉死，铁干着雪横亭亭。重阴战破氛翳净，石钟高处
曾留铭。自锄耻种金城柳，彼美欲拟西方苓。濡须秋水送帆白，彭蠡冬山
围槛青。八年前为裂仙笛，猛士麻列疑神灵。酒酣偕立绝壁顶，群龙喷香
熏空冥。俯云隐翻珠浦佩，坐月远语金寺铃。兴来动笔辄寻丈，镌镵巨石
张墙屏。恨君好奇不在座，木强应反怜娉婷。适从何处得此幅，中带湘烟涵

洞庭。游戏似闻少微伴，祝融转斗旒华星。墨痕依旧出冷艳，春意直见浮寒厅。今我感慨望吴楚，乍惊岁暮嗟铜瓶。晁黄谱诀忆口授_{雪琴曾告以画梅法}，冰霜尘土谁尹邢。

【校勘记】

［一］"衡山"，重刊本作"冲（衝）山"。

折莲花赠孙驾航太守并呈诗一首

晓行堤上看芙蓉，翠叶如盘白间红。雨后送香初照日，烟中含瓣未经风。清冷独出原真色，雕饰全除定化工。鲜过鸡头曾擘花，碧弯象鼻亦倾筒。未忘南海金台畔，却谏西华玉井中。采欲遗谁刚遇使，爱能许我更思公。伊人宛在情何限，公子无言意久通。七十二泉鱼戏遍，大明兰桨荡虚空。

潘伯寅侍郎张香涛编修龙树寺宴集一首

都邑久淹留，常抱逍遥想。长林丰草间，惆怅每孤往。晨起闻嘉招，未赴神先旷。寥廓城南隅，烟潦气苍莽。槐柳夹道深，葭菼漫陂广。遥岑出城堞，凉雨静尘鞅。花宫巧结构，风干郁宏敞。主人今龙门，士类赖推奖。叩钟因莛楹，纤巨各异响。夏贡收琨瑶，亦复及筊箖。诸宾天下选，姓氏高山仰。白虎标德论，岂抵华屋掌。胜御陪李膺，高筵厕任昉。平生事友心，仁贤敢谁让？徒怜蓬梗飘，阴阳昧消长。身逸心则劳，辗转婴世网。万卷付丛残，短策拙忠谠。五驱燕蓟车，屡荡吴楚桨。去住无端倪，犹列荆山赏。何当附青云，名德在天壤？

题严鹿溪东园图

东园话乡胜，严子得遗图。乱后几漂泊，清时多游娱。梅花傍淮水，秋柳回诗庐。二十四桥月，暂能骑鹤无?

夏日偶作

闲厅满芳草，无事心如水。谁为竹林客，几曳槐荫屦。焚香媚永昼，小寐旋复起。雷声动帘旌，雨点响窗纸。乍晴蛱蝶来，花间夕阳紫。

壬申潘伯寅张香涛同人集极乐寺秦谊亭丈绘图癸酉秋伯寅仍以图来使题因书长句其上

国花堂上东风和，看花饮酒贤豪多。谊老图成久陈迹，到眼景物惊纷罗。西山岚气湿辇路，鸭绿已满高粱河。层城远堞耸高阙，参差密树萦坡陀。碧琉璃瓦寺露顶，丹墙缭绕松婆娑。梨云杏雨傍丛竹，仿佛相见遮林阿。祇园千笏更深厂，草如画黻韶光酡。禅房卉木尽出窖，井亭辘轳翻白波。游廊覆道泉屈曲，广榭俯池石嵯峨。胜侣行坐各有态，以意指点某与佗。猩红嫣然入飞瓣，满座灿笑兼谈哦。海棠百株独矜韵，蓓蕾欲坼偏蹉跎。繁开转瞬或零落，何须着手烦仙娥。侍郎填词感全盛，下㘭几度停玉珂。手录纸蘽在筐笥，俊味大似金头鹅。往事历历触心绪，乌兔迅速如抛梭。南归往还八九月，隔岁方息劳者歌。董公一别渺音讯，陇坻隔梦余吟窝。析津相离三百里，谊老就养缠沉疴。秋来张子复入蜀，吴谢秦晋行逶迤。旅愁时出直门步，国花堂上重经过。醑香销残钵响寂，秋华满砌霜沾荷。老僧多情托姓字，叙述琐碎无差讹。海棠花畔认屐迹，虫声惊耳铺台莎。明年看花纵堪伴，良朋聚散初如何?芳华留恋即眼障，桑下三宿浮屠呵。都城敦槃富人物，犹馀习气思烟萝。时时取醉就闲旷，图中添我骑羸骡。

癸酉九月陪周杏农学士登毗卢阁

长沙先生老而豪，要与秋气平萧骚。太行之山易岚翠，碣石之海更波涛。苍髯白发在天地，云龙相逐谁同袍。文章独许来者续，胜赏又与佳时遭。清晨拄杖造禅老，华筵肆设邀持螯。我游燕京积日月，端居无事多郁陶。醉听雄谈百忧豁，更上杰阁同凭高。千峰东倾入户牖，长天垂檐群籁号。鱼鳞人家帝城阔，九逵冠盖真烦劳。长房鸡犬鸣下界，本无灾害何须逃？火齐木难撒红叶，清霜皎日明纤毫。目穷碧落见鸿隼，天放谁与加笼绦。人生适意脱绳墨，慎勿矫负金樽醪。岘山发唒亦深意，排云缥缈立脚牢。且作群仙出尘想，太清无碍随庐敖。

送李小岩南还

万里握手笑，兼旬慰乡思。离迹亦复迩，念及神如醉。五度来京华，久旅谁所饵。帆危溟渤沧，毂倦居庸翠。行藏两无取，体貌日憔悴。君行我尚留，鸡肋诚难弃。淹迟花木深，屋似霾云寺。溪山合眼见，渔樵梦中至。投劾情已决，归应语同志。

游通潞河作图即送谢麐伯提学山西

远接御河流，仓蒐红树幽。闸如庐岳瀑，人忆晋祠秋。朗朗持衡去，依依击楫游。相随嗟未慰（麟伯极邀余游晋，以事阻，李郭愧同舟。

陈小田邀饮谢公祠赋夹竹桃继云甍和原韵

北窗卧听一蝉独，习懒爱闲非避俗。客中多感况中年，正欲放旷无丝竹。繁华已过燕台春，槐柳交枝碧叶匀。霾头半月不出户，狂花浪蕊空披纷。谢祠昨日邀相见，醉乡无愁乐高宴。主人却数孟公贤，依栏草木犹留眷。亭亭奇葩向人好，破颜微笑任倾倒。吟成更足广清欢，满纸新词媚晴昊。座间廖子思力横，咳唾珠玑笔如扫。描香搵艳无限悲，游仙不归怨瑶草。我心久寄天尽头，镜里看霜云鬓秋。频年坎壈才已尽，活色写生非所求。成龙作浪英雄老，广平梅花混蓬葆。胭脂湿泪翠蹙眉，忘情恐被含情恼。照檐淡月花气侵，小池曲径庭除深。遥怀湘曲恍延伫，漫羡武陵何处寻？恰疑崔护门前路，面熟刘郎又前度。低垂几簟绿云晴，乱落不随红雨暮。白驹闪隙东波流，若个闲人来蓟丘。平时迷花住空谷，彩幡铃索无馀谋。倦游悔作襹褵客，黄菊东篱异晚节。名花到眼常无聊，谁教胶鼓齐门瑟。和歌微觉声苍凉，桥亭下者临高堂。笑口为开电光掣，始信吴儿心木石。

胡氏有孝妇为胡总宪祖母熊太夫人作

奉新胡氏有孝妇，随夫事姑，乡族无间辞。朝割臂肉疗夫危，夜呜咽祷天，委身于深池。情至可以回生，代死可以却医，其心无回疑。良人纵溘然逝，幽冥之下先待之；而倘豁然有瘳，温清中间，灵爽仍相随。精诚动天地，始得养嗣续，有佳儿孙曾，尊贵光门楣。节愧秋胡妻，义比纪叔姨。凌云绰楔后建祠，万椎隐隐、石湫其池。树柏盈堤萱盈陂，高风吹拂临沧漪。寡鹄来下慈乌悲，贞孝美意何已时？

代赠左季高三十韵

帝祚中兴候，皇图载缵功。匡时思召虎，应运起飞熊。乾象初爻正，皋谟九德崇。人名吟抱膝，老了甲罗胸。忆昔天开治，分隅莽伏戎。龙蛇群起陆，骐骥志腾空。宗子劳维翰，王臣矢匪躬。奇才宜不次，睿眷讵先容？感激驰驱许，明良信任隆。震雷谁失鼛，射日为弯弓。竟遏滔滔势，惟持耿耿忠。森严精纪律，惨淡揽英雄。扬豫看禽狝，河湟已兽穷。肯留孙皓盖，遍毁隗嚣宫。事自殊皇段，勋犹及愬通。尊阶加九伯，宠锡过三公。军旅贤劳际，京师咫尺中。温纶诚陛觐，至道牖宸聪。治以勤民尚，才由典学充。竭诚陈呴雊，能悲诵芣蜂。用作苏枯雨，扬为解愠风。老成原远虑，共济久和衷。器广忘荣辱，心平壹异同。楚材刊画石，晋乐备歌钟。简在符殷相，钦哉协舜瞳。斯文愧衡鉴，多士庇帡幪。陶染皆知要，芳徽切挹冲。接谈欣仰岱，既睹叹生嵩。清气终亲上，狂澜始障东。青云如可附，健举踏长虹。

赠林海岩达泉何子峨如璋同年

笑看东郭履，倦忆南村扉。各抱稻粱愿，霜鸿鸣苦饥。一垂都市影，
风鹃退仍飞。赤县方劳迹，青冥谁息机？

松柏岂华色，独能知岁寒。冰霜宜冷节，不似损春残。绿绮未虚鼓，
丹书还对看。安心今日事，把臂古人欢。

赠别黄湘云

长安青云端，贫贱两何宜。独爱黄夫子，淡泊以为期。郎潜三十载，
学道无稍疲。我懒不出门，出即登阶墀。示我白雪文，饮我流霞卮。清淡
穿溟涬，古泽思鼎彝。箴规更欸欸，那觉岁序移。久交终一别，却惜晤对
时。我望南天南，言念燕北陲。正当此饯筵，俯仰使人悲。明日征车发，
犹复为留迟。

画江上青山图别许仙屏

羁缰初脱马离闲，心中万事皆等闲。浮岚涌翠日在眼，不忘惟有江
上山。即今酌酒与君别，江上青山见我还。黄埃满面逐褦襶，富贵妄意
青云攀。三载忸怩强唯诺，青山乍见应汗颜。惟君知我亦萍散，离愁早
落苍江间。升沉出处忽异趣，多情未免清泪潸。豪端潇飒抒胸臆，云木
灵秀人自顽。遥遥波流倚篷立，何能共看烟螺鬟。人生留恋每如此，家
乡南去多间关。

将有江南之行述怀别潘孺初

挟策拙时用，且夕理归辕。回忆久羁旅，寂处常掩门。颇觉朋侪稀，

未识公卿尊。谁怜溪间波,蛟龙喜水浑。惟子能淡薄,交我如弟昆。悬知将离索,各自凄心魄。心魄虽自凄,功名要可论。馀孽遍南极,抱怀游外藩。饥驱托儒服,容得老林园。荣华实枝叶,正静乃本根。长揖多不欢,低颜良惮烦。与为诸侯客,何如天子恩?漫漫望京邑,去去养鸡豚。云泥会相见,金石当永存。遇合却有时,慷慨为倾樽。

别邓铁香

我昔初来时,意气一何盛。怀古登金台,去欲干万乘。沉沦悲碣石,风雪正凄劲。时危昧通津,才驽怯捷径。同居几晨夕,鬓丝入明镜。思归归未得,衣敝囊橐罄。况闻威弧折,群盗近乘胜。冲突遍南北,行程曷能定?黯然日相对,无复弹冠兴。念宜暌违去,固将安蹭蹬?穷愁别故交,语好神自病。人生各有营,栖遁岂恒性。黄鹄爱高飞,代为惜迟骋。要汤非负鼎,入卫尝击磬。亦知治乱理,恐以忧患竟。劳劳宇宙间,弥纶愧贤圣。酌酒两珍重,临歧慰时命。执手待何年,夙心与谁证?云月同眺望,山川终合并。长歌莫惆怅,但愿烽烟静。有书当频寄,守身在贞正。

宿固安县寄酬 此首未晓其寄酬何人,因系潘先生手钞传稿,故照录之。岂传钞之脱误耶,抑当日命题固如是耶?留以俟乎知之者。己未旧历四月初六日。 此本编定后,又见得潘册传钞别本,系寄酬鼎丞,名安定,而鼎字上缺一格,岂未详其姓欤?仍姑阙之。己未四月二十七日

据鞍南渡榷双辀,桑干河水无情流。昨日分携折杨柳,今日风沙吹满眸。僮仆苍悴看落月,可怜鞲畔悬纯钩。自昔南城并辔游,太行山色横酒楼。意气苍然天地秋,往往燕歌和楚讴。声名无意夺杨马,长安少年何悠悠。岂少文章悬日月,亟乘权要当公侯。郭隗已死复谁托,金台草荒风景愁。君向姑苏学吏隐,我从濡坞陈军谋。星离雨散俄顷耳,挥涕恐为儿女羞。凄清旅舍烟树稠,见月对酒堪白头。迢遥鼓角动关徼,美人一别天各陬。韦带箕冠不胶漆,孰能未寒进长裘?百年期许自千古,万里驰驱空九

州。寄语行吟莫惆怅，坎廪道路真吾俦。老辱泥涂亦常事，致身焉用绕指柔？迩来功名百战立，皆经湮没无所求。艰难无乃急绝足，渥洼汗血终见收。吁嗟志士心最苦，且随世事相沉浮。

第二卷　古近体诗

河间府吊献王

　　风沙洪河北，孤城带荒村。夫君大雅俦，丘陵竟何存。汉廷收遗文，文艺在乾坤。天潢礼乐衰，帝者忧本根。日接献书人，道合岂私恩。缅怀二博士，相得闻盖尊。麟顶运已漓，去去难重论。

赵北口

　　十二长桥连，五月乱流冷。燕穷泽气通，赵接泉脉并。禾黍际波阔，杨柳夹堤永。车轮入烟树，鞭丝拂渔艇。喋喋见凫鹜，阁阁闻蛙黾。水乡性所习，临风煮苦茗。窥观耀鲜华，跛履厌闲静。道心未能熟，遇事即为梗。屡遗依闾忧，惭惧时暗警。亡羊自多歧，钓鱼良不猛。何当筱溆下，清夜置答筲？

石　门

　　一路风尘色，三年困顿身。缊袍悲远道，木铎望何人。倦鸟不安宿，残烟方向晨。旧知抱关者，凭吊为沾巾。

齐河县渡河

　　咸丰四年，黄河改道入大清河。同治四年，余南渡。捻贼屯曹州，防河兵甚盛。

无复宣房《匏子歌》，浑流九曲泻清河。定怜梁宋波澜杀，犹觉乾坤战斗多。查客通天愧牛女，材官夹岸压蛟鼍。沙头汔济同愁叹，南望终虞突骑过。

岱 岳

明堂二月东巡狩，五岳群推岱岳尊。仗借苍龙临日观，练看白马过天门。意中疆域齐州点，脚底江河渤海吞。膺寸云生雨应遍，如今荒外是边垣。

徂徕山

岱云不我随，东海方扬波。高峰日月间，搔首徂徕阿。停车莫碾石，轮响惊烟萝。独笑蟪蛄鸣，龟山罹斧柯。松柏得其正，茅茨且长歌。千年金鼎术，却为鬓毛皤。

新泰道中

车铎向晨鸣，残星在檐间。毂涩两輠干，晚霞忽斓斑。归牛负牧童，野老烟中还。青原蔼茅舍，老柳暗柴关。虽然惯征途，此辈阡陌闲。生涯卜晴雨，食息多笑颜。岂知君子心，栖栖念时艰。我行复东国，凄其怀百患。

入江南境

暮气莽萧索，时艰物色非。逆旅喜客至，狙诈乘忽微。我行偶相接，刮削得亦稀。念当赋敛馀，窜伏苦寒饥。生事未尽复，守拙更何依。江淮蓄胈地，商官辏如归。一朝变兵革，谁明造化机？天地固无心，积靡不能威。荒荒爨火迹，回首为歔欷。

淮 安

独问淮阴客，而寻漂母祠。更谁佩刀剑，薄暮闪旌旗。落拓论交少，深沉得主迟。渔竿看寂寞，流水乱人思。

漂母祠

谁获登坛慷慨谈？秦关犹是控崤函。车鱼世界貂珰贵，仓鼠生涯宰相谙。人视王孙真弃物，天留阿母活奇男。如今试向淮阴问，一饭何人受始堪？

淮上遇毅勇侯军

苦战难寻汉帝甥，相公须徙亚夫营。恨遗河北悬师没，诏发江南猛士行。碧海蛟龙扶万舳，青天云日肃双旌。偏裨皆已封圻去，孰是当年旧请缨。

刁斗无声杀气凝，天威长忆压金陵。中军幕府群谋豫，行阵韬钤大敌兢。慎重始终操上算，艰难岁月致中兴。先朝倚畀今逾渥，要郡尤须保股肱。

永建皇图控太行，东西两辅奠苞桑。邠徐自古多豪杰，汾晋如今最富强。走险易遗君父患，出谋全赖将臣臧。一阶岂计公侯赏？身系安危自激昂。

驰驱近在冀州来，又向淮阴上钓台。天地疮痍飞黑眚，关山戎马乱黄埃。相逢未有匡时策，自问终惭负俗才。岂似洛阳王景略，笑谈无意出蒿莱。

泊高邮

万里辞沙雪，萧条泛小舟。一身忽南北，浩荡上高楼。坐见射陂阔，难穷淮水流。愁心随岸草，浓绿遍扬州。

露筋寺

江北江南生事稀，清淮依旧暎灵扉。蚊声寂后芳馨在，鸥梦酣时环佩归。月下健儿吹画角，烟中娇女泣罗衣。仳离最是人间世，天半云旗无是非。

淮上作

缁尘已净尚遨游，半是开怀半是愁。归兴渐浓如海燕，机心不动问江鸥。淮河梅雨楼头晓，邵伯荷风舵尾秋。却忆平山有欧九，未妨啸咏入扬州。

仙女镇赠别

暗度扬州月，湿敛淮滨翮。雨气腾草木，空濛两涯窄。促膝连篷底，犹喜话朝夕。滉漾日光苗，驳驳云阴碧。川路已分歧，晨风各挂席。乍舍仙舟侣，远作侯门客。独吟江水长，转面笑言隔。何似烟雾里，良会不虚掷？

梦邓铁香

落落在天地，年年空自惭。冰霜同冀北，风雨又淮南。物累因人热，生平独我谙。何堪孤泊晓，远梦坠清潭。

扬州舟中雨

积雨晚无赖，长淮五月寒。烟深船笛怨，风小舵楼干。久客忘劳瘁，危时念治安。《芜城》一赋在，掩泪莫能看。

邗沟和程子鹤

曾见雷塘荡柳条，邗沟牵惹木兰桡。美人珠薄春风入，祠客金樽夜月邀。一自烟花埋坠珥，千年烽火咽残箫。可怜唤醒扬州梦，寂寂乌啼廿四桥。

大　江

高帆拂云日，沧波涌淮口。蛟龙畏人绝出没，异气峥嵘满泽薮。戈舰嗷嗷天际黄，弯弓仰天射天狗。精锐惟多寇始灭，战士功成议持久。大都督府专城居，东诸侯长驰粮糗。独从乱后悟废弛，楼橹钩连规御守。啸歌不是英雄人，寂寞渔樵亦何有。赵女弦，秦人缶，凭虚为酹三茅叟。晋朝已起谢安石，吴姬渐压当垆酒。应怜孤客狎渊潭，铁鹿铜猫愁鹪首。悲来且沿大江去，惊鸟不栖白门柳。江路苍烟燹迹遥，时艰焉得离奔走。

江宁府

反复兴亡有消息，连山石黛苍玉色。天然雄险临江流，秀发君看绝雕饰。大城盘纡冠南北，万邦莫敢争物力。朝歌暮舞恒春风，珠玉气衰人惨恻。自古空称霸王资，可怜历代不能国。搀抢夜明蛇豕食，乌雅狐狸少人迹[一]。奇皇始终见神断，喜见丰碑勒功德。朝廷无事罢宵旰，草昧割据竟何得。孤儿子遗壮士多，江淮遍地犹荆棘。天时人事远茫渺，将相贤劳已平贼。何时严诏责循吏，流移似昔安耕织？

【校勘记】

[一]"乌雅"，疑为"乌鸦"之误。

由采石矶至东西梁山

采石矶头下急雨，天容惨淡衰风寒。芦鸣青濛濛，浪起白漫漫。掀翻欹岸颓，倒激声未阑。梁山博望乃对出，赫然怒扼江面宽。往年官军失重险，形势掎角雄神奸。猛将按剑走霹雳，慷慨蹀血不暇餐。舟人指点酣战处，掩涕踯躅为三叹。苍鹰孤叫盘绝壁，怪鱼突出吹波澜。峥兀破垒带残骨，呼声犹撼浮云端。百年承平不知虑，一朝丧乱徒懦孱。寻常抒鼓若无有，忠勇盖世良独难。

濡须坞访彭雪琴宫保不遇

长剑低垂客子孤，振衣飘然归旧庐。中流有人冰雪质，高义远动天王都。我欲寻之濡须坞，碧波浩荡连山隅。霓旌灭影却千里，剧谈惟有渔樵徒。孙郎陈迹几废垒，颓云落日横江湖。功名富贵那可久，武陵桃花何处无？时危圭组逼豪俊，坐教白发盈头颅。我生放旷轻万事，何为忧愁空踟蹰。浦树渐微凫鹜散，海潮欲生猿狖呼。夜来且醉同行月，天风飒飒吹登舻。

太白祠

独有唐时月，沿江照翠微。如何谪仙去，不见跨鲸归。五夜青枫塞，千年采石矶。无人可追逐，云外振天衣。

九华山

清晨下铜陵，岚光恋柔橹。波侵雁鹜村，草合牛羊渚。飞巘竞巉峭，游峦亘吞吐。芙蓉天外来，神秀朴眉宇。深霾石洞寒，高压丹台古。野人献葵藿，轻别青霞侣。局促冠盖间，常苦姿性鲁。积久转散诞，万事如粪土。名山喜适逢，绝磴可竟取。芝汞未有期，松石淡无语。蔼蔼九峰云，洒作江上雨。

发乌沙峡

烟中满树声，隔浦大江鸣。浪定风犹利，帆开雨恰晴。峰峦殊向背，村坞半昏明。直过李阳驿，维舟醉皖城。

安庆柬彭雪琴

皖江旌节驻，扫榻独相留。磊落云间鹤，低回水上鸥。主人饶胜概，客子减羁愁。屈指看红蓼，人间易早秋。

兵尘知未息，归路为无能。欲觅乌皮几，终寻白首朋。烟波偶栖偃，日月若飞腾。虽有醇醪恋，其如痼癖乘。

上余忠宣墓墓为彭宫保重筑

安庆城边兵气昏，石人谶里割川原。江淮独以孤军蔽，社稷犹图百战存。危素暮年惭看墓，巫咸隔代泣招魂。伤心清水林塘路，日日精灵度蓟门。

登安庆敌楼

荒城东角敌楼悬，暇日登临望渺然。岳出三峰含楚雨，江来九派涨吴天。元狐赤獭渔樵舍，虎节龙旗将帅船。旧是争衡南北地，既销烽火更堪怜。

别程石洲名朴生

城下万里江，远阅千载人。扰扰各有为，过目若飞尘。自歉寒乡客，击汰上洪津。峰吟感云悦，浦宿悲风瞋。抗怀前古事，可想不可亲。留连皖公宅，来往乔家邻。众中顾我笑，卮酒盈且醇。旅途冠盖忙，如君肺腑真。经难气益下，处润身独贫。重峦导幽胜，孤馆论酸辛。何居龙剑合，倏已及斯晨。微霜警寒翩，急溜顺河鳞。暌隔岂能已，欲言嗟怆神。安知再假道，他时非越秦。

夜泊马当

幽人归海峤，何日到韶阳。壁起阴崖断，帆收夜岭长。缓潮萦露气，好月敛星芒。不寐波明浦，喁鱼知钓梁。

小孤山

中分万里流，崛峙大古石。真蕴谁能穷，群峭岂通脉。波平卓霄汉，雨溢冒霹雳。恍疑根虚无，未觉江荡激。楼观如悬巢，独拔世路窄。翼翼阑揎萦，纤纤梯磴墌。鱼跃垂木影，乌喧泄云隙。伊余采仙箓，层巅入缥碧。飞甍琅玕杪，西日照图画。延遅揽天秀，托峻蜕尘迹[一]。焉得嵚崎人，挽铁来绝压。

【校勘记】

[一]"蜕"，重印本作"蜕"。

赠彭雪琴宫保

石廪伟然联祝融，下抱彭侯三亩宫。我游衡岳不相见，四海久已传英风。上湘按剑酬知己，杨公奋发曾公喜。彭蠡湖赤万艘毁，九洮州沉血如水。扼敌之吭致敌死，江天欹倾共拄起。图形岂望凌烟里，忧在社稷臣深耻。大职厚稊敢固辞，南向咨嗟圣天子。彭侯岂忘岁寒期，锦囊满贮梅花诗。故溪薄田足饘粥，明农耻藉宫中资。素怀宛转归莫得，赤松黄石非其时。比邻庐阜敞楼宇，石钟轰訇旧战所。邀我游宴散烦暑，酒酣月落浔阳渚。我生辖壏短毛羽，山川满目惭高举。彭侯智勇真无侣，起舞聊洗林泉语。君不见，北极东藩弛隑阻，黔滇斧画愁师旅。万年留佐尧舜主，挂冠雪卧世未许。

彭宫保石钟山别墅

阅变名山在，楼船话石钟。远辞牛渚月，快趁马当风。烈士逍遥趣，悬军战斗功。康成曾雅量，江上一从容。

彭蠡橙波碧，浔阳浊浪黄。舳舻连上下，祠宇奠中央。慷慨关人事，欷歔问国殇。椒兰吾欲荐，楚些在华堂。

仰止东坡叟，凭虚为结楼。洞蟠岩底阔，波撼壁根幽。夏槛潜鱼伺，宵钟咳鹤愁。谁夸文字业，久远胜封侯。

长江兵独息，群盗计犹危。近水寻碑碣，居山念鼓鼙。高斋偶匣剑，别墅且弹棋。岂似淮南隐，淹留攀桂枝？

独立悬崖上，千寻倒影涵。飞檐当极浦，鸣橹发空潭。日出中流赤，烟开远树蓝。晴光无限好，佳思满江南。

暑雨轻侵院，晴云近到门。随时凭椸几，选胜置匏樽。语笑无城府，须眉有本原。长歌始醇朴，适意即羲轩。

种梅将满地，暇亦画梅看。横干缣光脱，生香墨晕寒。望超临牖外，开定隔栏干。何日来双鹤，高飞好羽翰。

乱石迷花径，欹池转竹亭。行来聊共步，兴熟久忘形。删树邀持斧，浇兰视注瓶。襟怀俱澹荡，彷佛旧林坰。

山巅窗面面，朝暮见匡庐。烟水千峰合，云天五老孤。焚香高卷幔，煮茗细披图。袅袅秋风起，言寻莲社徒。

今日娱游地，当年劫火烧。拼心争一险，洒血上层霄。全势江湖得，游魂草莽消。登高会参佐，莫忘中兴朝。

雨

楼台风雨里，八面动鸣珰。酷暑涤欲尽，长空更吹凉。江声翻枕簟，山色压帆樯。乘兴起流览，徘徊频绕廊。

琵琶亭

谪居喜得近匡庐，一听琵琶反不娱。僻地萧条过日月，美人漂泊怨江湖。香销红袖秋风屡，泪满青衫夜月孤。应羡烟波横竹笛，木兰舟上酒盈壶。

为友人题唐伯虎制毒龙图

回崖峨峨下无根，倒影吞吐青峰痕。老苔苍丹藏游魂，削壁崭崭络铁石。惊涛衡突送开辟，九首拔木搜沉魄。我疑此处不可攀，事非恒境多神奸。心骇目竦龙所宅，白日惨怛天迷关。偶尔失足何从还，应负飞锡光景发。长眉跏趺绀旋发，蛟鼍瑟缩如蝘蜒。猿鸟屏息枯搓兀，缕缕生云云脚牢。震雷虢虢金神遨，洪荒霜雹混茫合。毛孔掣电龙能豪，昂然特起千万丈。怒卷泉源随尾上，崛强终复投钵盂，拽断霞边插天嶂。君不见，有明天潢亲南昌，桀傲尤难驯。唐生睥睨曾不在，眼底亦如老佛狙。丑鳞画中生气时间出，青衫白发惟长贫。

入　夜

悲秋曲栏寂，入夜精庐空。卧见双梧月，坐闻千竹风。地偏忘去住，人静念初终。何事唤愁起，泠泠挑古桐。

题彭雪琴画梅

我从罗浮村里来，会须大庾岭头回。已与梅花别三载，与梅花饮一杯[一]。江上看山却留滞，即赋归去梅未开。乡梦绕树翠羽寂，庭院惟见青青苔。竟肯为我写真态，何自唤得雪月媒。瑶姬窈窕曳珩佩，老蛟为御朝蓬莱。星辰满鬓心铁石，妩媚乃尔真奇哉！世眼之外此高格，苟属摩拟成尘埃。静思下笔叹妙绝，非能知画能知梅。但看稍暇画梅手，虬株岁岁傍檐栽。

【校勘记】

［一］此句疑脱一字。

别湖口阻风复返与梅仙泉何丹臣饮署中

上钟下钟光斑斓，筑城络之如大环。梅子作令烟水际，何侯盐策当其关。兵息民稀讼庭寂，淮贾念乱无老奸。当涂半欲寄险要，不独挂笏联清班。海北少年强解事，来扫白骨观孱颜。八面楼台望云月，栏杆俯列千螺环。长江巨湖献姿媚，风浪不作鼋鼍闲。当秋语别感黄叶，如矢在弦弓满弯。舳舻钲鼓飒飞斾，对立各临明镜间。墙竿五两忽吹折，涛头猛起高于山。眼前变幻出意外，世事起灭谁能颁。更添铁缆敌澎湃，高斋下马并辔还。年年悠荡涉川泽，忠信岂抵洪波顽。故人胜地岂偶尔，恐此一去相逢悭。华筵蜡烛屡见跋，深宵呼酒惊市阛。歌吹且止晓角动，重屬宜辟原未镮。鬓毛尚绿脚力好，焉知陈迹难重攀。横空巨舻戞晴霁，凭厓遥愧思鸥鹇。宇内知己胶漆固，何为离愁儿女潜。

游庐山六首

白鹿洞

征帆将远风，匡庐践前约。深惭空手回，岂得当面错。笋舆入鹿洞，缓步履丘壑。路纡溪声闲，树杂日色薄。遥闻古幽人，静启六艺钥。至道如名山，包孕副探索。不留蹄筌执，那许知识凿。低回付无言，流览遍楼阁。墙桂寿几许？靡郁绽丹萼。松风伴潇洒，萝月笑缠络。桥下涧泉驶，清冽洵可酌。大观仰峨峨，腰股未能弱。重峦变云气，五峰森石脚。会当凌绝顶，中路无处着。

栖贤三峡

四山闻海涛，浩浩声不断。五老欲迎人，青翠满霄汉。素练下层顶，苍遥削谽岸。惊湍挈雷电，猛与石为难。山泉本无争，其势不可按。倏曳天下奇，皇古见输灌。凭危但腾掷，遇险益骄悍。下掀深井底，仰陷高崖半。壁合草木交，潭定鱼鸟慢。默念流峙机，动静匪愁判。无心自冲击，有若风水涣。处处列云碓，节奏远相乱。飞桥俯欣然，返坐玉渊畔。潜龙岂闻喧，泻雪日混瀚。

五峰寺_{在五老峰顶}

我泛浔阳江，高下青芙蓉。我泛彭蠡湖，参差翠屏风。今复跨绝顶，万象罗长空。江湖失浩渺，镜练浮鸿濛。举手擘石壁，中有金银宫。铿枪如悬乳，古鹤腾深松。五老发兴奇，晶帘垂重重。颇晒羲和炎，渊潭驱白龙。团团催日落，一吼千霞红。八面挂明蟾，潋滟虎魄浓。云里来仙人，耳边闻笙钟。乘蹻喜良会，汞灶丹尼封。待我三千年，转念真凡庸。磨瑶鉴毛发，何为冰雪容。

秀峰龙潭

长啸双瀑间，名峰毕来会。昙林绛宇重，阳崖白云沛。高标铲嵌崎，大气鼓松桧。山灵怒雨距，一决众泉汇。竞承尾闾泄，蹙压风轮碎。我行遍南北，复此听繁籁。云梦得文赋，星宿入图绘。惟此天上涛，可以敌洪大。弯环盘陀根，泓潏神龙赖。沉沉琉璃澄，悬影反在内。开胸尚堪泻，洗耳谁与对。翘首银河倾，终日踏石濑。伟哉穷壮观，独无江河害。

黄 岩

鹤鸣与双剑，突兀玉峡巅。香炉与落迦，淡漠生白烟。卉木纤可数，远如不同天。扪腋出羽翰，掉臂追飞仙。危涂转高蜗，屈曲壁上涎。长风送流云，浩荡下相延。黄鹄不负轭，青牛方种田。双瀑入脚底，诸峰罗眼前。巨竹古松间，百道翻清泉。搣翳少见日，撼石疑奔川。精庐穿深林，杂花照水旋。一衲导我行，但见阴洞连。一衲邀我止，舌本生法莲。古佛旧脱骨，路绝铃语传。愧从尘土来，好风未归船。应投蔚蓝境，遍体除腥膻。垠崿已万仞，猿鹿皆性圆。岂惜一团蒲，峰头对酣眠。只怜山下人，轻历世上年。

归宗飞水亭

惊湍临绝壁，岂得不空飞。千寻思远源，一响无停机。晚日偶流照，旋风吹卷之。散漫为烟雨，迷蒙沾我衣。忽成紫碧晕，晴虹吸涟漪。塞门九夏寒，讶此长霏霏。能非青霞中，俯惜泉声稀。斜攀南斗杓，游戏斟天池。惝悦再灵异，乃羞世人窥。重山锁藤刺，圻硖横枯枝。见我拄绿玉，濯足生苔矶。松萝各惊诧，知我离尘羁。更洒万斛醨，磊落添杯卮。我饮亦解醉，相视多欢怡。闲云适然至，出山安在辞。

鄱阳湖

秋水不可极，长帆奈若何。渺茫横雁鹜，灵异闪鼋鼍。转瞬销残劫，连天浸断戈。怀人一酾酒，知我尚蹉跎。

遇杨军门澍臣赠佩刀为赋一章名忠

宝刀多血绣，出匣气嶙峋。仰视风云壮，徒教龙虎驯。汹汹多难日，凛凛有心人。赠我知所用，岂徒防一身。

谢福田总戎送游庐山至吴城饮别望湖亭名胜德

行人明日发南昌，樽酒湖亭各尽觞。彭蠡雨声涵鼓角，匡庐云气在衣裳。身经百战怜儒雅，事到中年要奋昂。别意重重且休诉，可能江北射天狼。

滕王阁

十载江湖锁战尘，栏边谁料倚闲身。他乡踪迹无根蒂，传世文章有鬼神。且看长天秋水阔，适过微雨晚山新。踌躇欲问南昌尉，恐是当年梅子真。

廖竹亭墨梅

姑射神人在清气，何须蟠郁弩指臂。细观已尽孤山意，会是笔力偶然至。东坡楼土唅江烟，匡庐皓鹤邀翩跹。手写冰姿惜我去，深情岂让梅花仙。

舟至清江县

我初挂帆席，瞬息行百里。今乃滞朝昏，轧橹争尺咫。江风岂私舟，萍末自起止。舟师望五两，转面分愁喜。奚若岸上人，不入舵楼里。念虑照波澄，涵此明霞绮。吾生逍遥游，冷然无待矣。晚泊丹枫根，乘月弄流水。

吉安六一堂谒欧阳公

赣江将百转，吟叹获心期。我落山水中，惟有书卷随。行行入兹宇，秀伟尚可仪。夫子难再作，非我生固迟。至文并天地，一气无阿私。运漓藻缋兴，大雅惜久衰。匪文士胡进，学古即在斯。当年历苦辛，拔识不知疲。已矣谁与同，留连令人悲。

赣江中秋夜作

苍龙阙上星斗稀，金波满浸曾城屋。三年裙屐最风流，玉轸琼樽傍庭竹。自到江湖久溯沿，我生端合居岩谷。怀旧翻嗟京国遥，思乡苦愿程途速。几回圆月鉴毫发，只见光明透林麓。秋士易悲佳节来，惊起披衣成怅触。岭云散尽潭娟娟，澄流无底惟青天。祇应一物破愁绝，且喜囊中余酒钱。沙头举网闻笑语，呼僮买得槎头鳊。苍山碧水更明月，清风满袂宁非仙。颓然把盏酹河汉，我今已读归来篇。鱼游鸟飞各自饱，岂待负郭数亩田。不称意事如坠露，醉倒还枕空罍眠。莼鲈乐趣亦复尔，明朝戴笠看江烟。

枫树塘至南安作

石泉汇长流，松竹溪上影。人烟交众树，峰峦一帆永。水车日翻翻，洒注沿诸岭。高原沟洫盈，筒引忘汲绠。天地有成利，业在心自警。置身渔樵窟，外事俱不省。悉劳司农官，滞泄私智逞。晚风山气浓，桑稻绿斜整。远想田庐间，再三为延颈。稼穑本艰难，忘劳得此境。倘许受廛氓，相助歌实颖。

大庾岭

炎荒五岭蟠，芜绝无征战。冠盖通中原，既辟势莫填。瘴乡古独愁，妖土今同羡。南云暗海隅，北斗迷畿甸。时平骤苞苴，世难容犿赞。脂膏热自燔，山泽凄以怨。感俗前车危，度关旧鬓变。何当司牧人，夷齐节不倦。峨峨仰先民，坦坦拓飞巘。剑烧锁青城，函据雄赤县。阻险非帝心，贤豪日廷献。六合半忧虞，千秋共享传。揽辔惭虚回，勖哉桑梓彦。

始兴江口至仁化江口

猿玃动深烟，松篁瘦更坚。羊肠湍吼峡，象鼻石撩天。线路千寻堡，环山百转船。销愁翻在险，恍惚入西川。

至　家

海雁报秋深，云涛开远林。渔人识归艇，客子慰乡心。贫婆庭帷惯，栖迟岛屿深。长安多气象，膝下说当今。

后园曾种蔬，重与添茅庐。亲友送花木，儿童蓄鸟鱼。思维万里事，沈细十年书。天下须人日，何能自晏居。

哭吴莲裳

朝汉台南各慨然，君游桂海我游燕。谁知醉话生平际，便是狂歌死别前！著述未多天曷忌？人才有数鬼应怜。老亲幼子知思否？兄弟全无妇少年。

往时蹭蹬里闾中，卓荦观书与古同。锐气独宜黄鹄子，饥肠能伴白鼋翁。三生曾订行藏异，一秩难消骨相穷。错羡赍郎汉司马，旅魂赢得哭秋风。

忆张香涛

之子南皮秀，京华群欲亲。深心鉴古事，无意异今人。落落却难合，温温能自真。何时至尔侧，一洗别来尘？

题杨仲登先生新居一首_{名鳣}

车辙年来不到门，更寻幽处自成村。白头种竹遍新笋，绿野骑牛随幼孙。陈迹已忘瀼溪宅，外人任道武陵源。如何有地未能住，江雨河冰空断魂。

坐　月

日落百虫语，林风吹月轮。惯经逆旅夜，重作故乡人。颜鬓流光阅，庭阶比梦真。旧时花竹影，苒苒上衣巾。

呈郡守周公

幽居云水深，远帆经年心。肃简慰府主，敞轩弦玉琴。再弹海风曲，一奉山月吟。昔爱洛阳子，短翎惭茂林。

奉寄南书房潘伯寅侍郎李药农中允孙子寿检讨

入直难随紫禁垣，处囊曾托赵平原。思闻鸳鸷鸣周室，偶效爱居集鲁门。至竟离愁淹日月，剧怜退食伴琴樽。如今山泽癯逾甚，茅屋秋池黄叶村。

奉送丽秋比部夫子往大名府直隶制军
刘公长佑行营三十二韵

北门严锁钥，左界控山河。仓匦黎阳积，宫荒瓠子歌。旌麾光闪烁，士马气嵯峨。咻噢挟重纩，威灵仗太阿。妖氛闻屡却，将相赖能和。惕厉图张伐，催征愍益科。曳柴尘易动，滋蔓垒难摩。陇陕通豺虎，江淮老鹳鹅。重臣方日赞，要地已星罗。遁幕群乌集，行辐万骑驮。应思食晋枣，不得犯温禾。战以人才要，贫如蒸庶何。犁锄苦流散，箐笭尚逶蛇。卓荐身谁致，深忧鬓欲皤。尊周钦管仲，思赵感廉颇。智勇朝廷急，功名军旅多。遄征宜慷慨，大用未蹉跎。阳德勤宏奖，阴符讶细哦。仙猿徒啸月，神鲤必腾波。自为苍生出，非关醉尉呵。修途遍地柳，旧墅满地荷。孔翠飘冠壮，中黄拜胙酡。登车看赠策，酌斝祝离珂。冰雪传刁斗，风云起薛萝。奸渠角斗鼠，借箸掌旋螺。着意安田亩，倾怀下涧蓏。仆姑铜霹雳，叱拨锦盘陀。仰射旄头坠，长驱盾鼻磨。三刀曾豫卜，一剑岂虚过。叹我曾难遇，居乡自养疴。倘披扪虱褐，终弃钓鱼蓑。伤乱刘琨切，遥知同枕戈。

夏日漫书

石榴日逐似霞明，圻箨猫头相对生。丙舍绿延甘蔗圃，午窗凉动苦瓜棚。尘劳得息幸无恙，世事可闻疑有情。会喜野人慰晨夕，何妨茶味与琴声。

出庐外垂钓

长夏无炎暑，茅茨大壑西。径为蕉叶碍，门与稻花齐。聚咽青蝉小，争飞白鹭低。前陂一夕雨，垂钓水平堤。

戏柬黄质夫

弄瓦平生事，情殷坦腹床。硁硁丈人石，妖妖女儿箱。今雨来踪少，因风寄语长。岂知荆布美，百辆送文鸯。

示洪甥

汝母增吾重，冰霜冷柏舟。终身无隐怨，一线有殷忧。远慎宗祧计，深防宅相羞。婴砧起旁院，凄切屡经秋。

汝幼原多病，携持自觉难。夜啼私减睡，晨戏辄加餐。曾为栽慈竹，方宜诧季兰。见儿家世就，代爨罢长叹。

晚　凉

林野绿纵横，先秋无限清。钩帘精拂莽，笼袖悄闻笙。鸦鹤分风起，牛羊觉雨鸣。悠悠随物态，日夕复忘情。

立秋日早起

窗牖讶微白，开门花气浮。数星送残夜，一雁报新秋。寒暑今晨判，关河平昔游。乡居亦惆怅，不独仲宣楼。

晚　眺

树色高低草色平，过桥无客叩柴荆。雨催黄叶乘风下，云放斜阳着水明。魏阙江湖归怅望，桑田沧海几纷更。秋山一带凉如月，独对长林袖手行。

夜渡归

人归碧海夕，篷背夹罗衫。蚌月沉渔火，鳅风健客帆。岸来山尚淡，溪近水微咸。络纬刺桐路，鸣声清不凡。

古　寺

岚气霏微吹满衣，既非近郭来人稀。老松半里石通路，流水过门山四围。云湿岩蕉丹蝠咽，霜残林果白猿饥。一僧趺坐瑟无语，但道暮钟宜缓归。

息　影

息影南荒里，忘怀太古初。岛云凉几榻，海日晒图书。高翼有黄鹄，困鳞无白鱼。安期若可接，所论贵元虚。

阿麞生

抱孙期旷鬓如丝，堂上朝来喜不支。紫燕成雏欣啄卵，碧桐添乳看抽枝。莫言儿女催人老，要令神仙出世迟。日日彩衣当席舞，未如投膝索含饴。

丁卯中秋

良夜当秋得月多，远闻箫管近闻歌。自知人事秋如此，各有心情月奈何。

中秋非与酒相期，明月飞来照酒卮。若道前身是明月，一生都是明月时。

风　雨

风雨弥天至，奔驰若怒涛。乍闻夜竹偃，已送茅屋高。并力动秋籁，何心惊敝袍？独悲中泽雁，戢翼气萧骚。

秋　兰

九畹分根种，连年山溜浇。秋苔窗外积，午竹砌旁摇。苗处独矜慎，开时宜寂寥。任教香与化，渐觉意俱消。沣浦纫为佩，湘江采作桡。骚人行独咏，公子坐相邀。幽谷理遗操，不知众草凋。

连日风雨不息喟然有作

幽事媚闲客，似复得此生。好月正当秋，秋兰与之并。有琴初易弦，秫酒亦酿成。如何转风雨，连日无暂晴？屋漏难坐卧，径泞损游行。使我兰不芳，使我月不明。使我酒闷酌，使我琴懒鸣。始知上帝心，无暇顾私情。我抱万古愁，百岁为峥嵘。终然是我意，欲要造化盟。奚宜问苍茫，还我无所营。犹惭却有知，静览梦茅蕝。阴阳亘起伏，变幻空中呈。既已雷虢虢，俄而日晶晶。一醉晦霁同，飞鸟喧前楹。

入都别柳容屏

曾催归棹趁香莼，又逐金门待诏人。此去八千余里路，相随一十七年春。不胜离合从头数，惟有悲愉彻底真。君看斗杓东指日，荐雄应念汉廷臣。

为杨心物画兰题自此以下四首为在京时作，与晚年在籍题画诸什有别[一]，故仍编于此。

与其当门锄，奚若空谷老？君看桃李花，开落常草草。

【校勘记】

[一]"与（與）"，重刊本作"兴（興）"。

题友人持杯带剑图

前君脂车拂徐兖，今君巨舶环登莱。荆榛满路艰且苦，饮酒说剑空风埃。

长铗拄颐图其形，当筵高歌我曾聆。荆卿盖聂直甚事？少年斩蛟桥水腥！

南藩赠我明月刀，几回酣战歼强豪。为君赭面一出匣，空庭日淡霜风号。

画竹中读书图送何伯方归施南名盛矩

击筑忽不乐，南归如片云。清江深楚竹，遥想已怜君。世事羞韦布，林居宜典坟。高吟有《梁甫》，万里岂相闻。

天津六首

潞河乘夏水，挂席下通津。君相原求士，章缝不误身。抟桑时看日，析木尚依辰。懒向清沽照，尘容可笑人。

南还路俱梗，望远足烦襟。碣石涛声恶，幽川云气阴[一]。人民得食少，将帅受恩深。行帐默论战，谁知饥溺心。

耻对将军簿，谢公名子澄曾结缨。自能赴阵没，不作媚人生。旧垒犹增栅，严城重整兵。田间念循吏，父老涕纵横。

沧海何无界，沿河涌怒流。黑云随火舶，白日见琼楼。惭愍蒙恬役，宽从魏绛谋。羁縻方勿绝，逼处尔何求？

转漕连河海，输缗杂汉夷。烽烟谁共煽，储挽两难支。青北大都会，蓟东游侠儿。歌筵失豪健，拍案祇凄其。

杨柳立长堤，含愁忆故溪。神鹰惭妄翮，良骥惜轻蹄。去国才终拙，依人意自迷。沧波接辽海，白帽岂堪携。

【校勘记】

[一] "幽川"，疑为"幽州"，之误。

游夕照寺晚至万柳堂

梵呗闻如昔，高僧淅水回。松风吹画壁，花雨洒经台。竟日清游熟，三春逸兴催。何须归辔促，柳浪满城隈。

怜才成往事，荒野四无邻。怅抚婆娑树，谁逢耄画春。丰标陂鹭迥，声响砌虫真。席地芳樽满，聊为劝旧人。

白云观赠武当舒道士

道似长春子，冰天跨鹤飞。玄谈深众妙，杀气静三机。行箧芝形古，层楼松响稀。睡魔应久练，对坐忆岩扉。

　　万里羁尘迹，偷闲日影驰。蟋蛄声断处，蚨蝶梦醒时。好道嗟无得，居山悔自迟。何须黄石略，瓜枣逐安期。

登　城

　　重闉高不极，独上望人寰。窜堞苍狐速，浮隍白鸭闲。成行晴野树，无际夕阳山。旧迹中原遍，烟云杳霭间。

画胡僧道士意示洪瀚崖同年_{名启元}

　　寄情缁锡与黄冠，闲里图成相唤看。檐卜馆中藤榻滑，菖蒲盆上薛山寒。五龙学蛰原非梦，二鸟对鸣能尽欢。旧隐故山多伴侣，何因寂寞住长安？

闲遣柬儒初

　　移居共晨夕，花竹列盈庭。新雨添鱼瓮，凉风送鸽铃。不妨斟绿醑，亦可着玄经。五指峰头宅，为君图上屏。

就圃树架凉棚有作

　　闭门住城阙，绕屋郁槐榆。盛暑坐不觉，闲园行自如。仰窥月色薄，仍惜树阴疏。苇薄才新织，杨椿足旧储。结棚承螗漏，列几占清虚。偶似羲皇侣，无劳长者车。微凉留枕簟，静绿到襟裾。虫挂丝徐坠，蝉移翼乍舒。润痕桑椹后，香气枣花余。观物天机畅，忘身世累袪。已多三宿恋，岂借一廛居。去住谁推挽，炎寒只吸嘘。过为语冰虑，万有总蘧庐。

儒初病愈

为郎称父老，寒暑几回更？衰态随闲积，归心与病撑。乍痊谈药力，小渴念莼羹。来就北窗坐，殷勤问友生。

未敢陈杯酌，又无笙与琴。将何慰疲极？最好处幽深。摇落砌旁竹，变声檐外禽。因时自调摄，身世莫关心。

与瀚崖闲话

家池浸小丘，筑室拟渔舟。碧稻分荷泊，香芹占蓼沟。竹间自来鹤，花底可藏鸥。药炉茶灶在，归去亦同游。

送廖云甍南还

白云无限思，琴剑苦离乡。共笑韩非吃，谁怜阮籍狂。船维杨柳岸，家住荔支塘。此去真良策，能闲日月长。

夏久不出人事皆绝偶作六首

肯下湘帘心却安，更无余事蹙眉端。香函自发家山气，冰钵能存旧腊寒。酩酊几曾参杜举，踟跌一向恋蒲团。人间变态难瑱耳，只作鱼龙幻戏看。

树阴高卧幕枝条，仰诵诗篇答晚蜩。久闭雕龙三尺喙，忘摩佩虎十围腰。风吹酷暑凉相扇[一]，云上长空淡自描。岂有心情辨喧寂，任教抛掷许由瓢[二]。

痴儿了事念头差，过去何庸系齿牙。风气转移胸有竹，电光收敛眼无花。飞鸣休说三年鸟，鼓吹宜听两部蛙。名刺如毛今蠹烂，交游散尽似抟沙。

好鸟群穿庭树鸣，昨宵风雨晓来晴。乍看笋苗破颜笑，又惜苔浓纤步行。脱手丹黄掩书卷，上心青翠记山名。卧游便作少文想，何似沧浪人濯缨。

葵蒲轻扇葛纱衣，逐逐谁堪裋褐讥。绕砌细观游蚁斗，开窗快放触蝇飞。茶烹石鼎泉声咽，墨注金壶花气霏。结习未除书画癖，豪端屈曲有天机。

剥啄无闻门巷幽，昼长心寂悟虚舟。绿阴圆覆猫晴午，清籁微鸣麈尾秋。混沌画眉终失实，触蛮争角不如休。《逍遥》任述蒙庄趣，《御寇》年来久息游。

【校勘记】

〔一〕"风吹"，初印本原作"风催"，后改为"风吹"，重印本仍作"风催"。

〔二〕"任教"，初印本原作"枉教"，后改为"任教"，重印本仍作"枉教"。

同儒初食蟹

小艇归来任取携，比邻就饮满幽栖。莼羹偶忆芦花水，姜醋新添蒜子泥。出袖不须闲左手，隔筵相与让团脐。何人会起监州惧，有酒盈樽万类低。

末伏始获大雨快然

雷鸣虩虩风飀飀，浓云亦复压墙头。疏疏数阵不成湿，屡屡一洒即自休。图史畏阅不胜汗，卉药虽灌多含愁。失喜帘纤遍霄汉，旋觉霡霂喧林丘。声兼爽籁实驱暑，气挟深凉宜酿秋。瓦垄高低喷飞溜，堂坳起灭行浮沤。官人肮脏借塞卫，儿童踊跃寻芥舟。九市闻蛙米价定，两潭橛龙民气瘳。不妨着屐立檐下，竹树怒青新昔眸。

与潘儒初陈亮伯林美东洪瀚崖黄体泉符羹调聚饮作[一]

佳节相呼聚旅居，厨人烹饪杂凫鱼。倾身未便障钱篦，有口谁能涎曲车。朋友笑谈情自挚，公卿推荐事终虚。百壶竞进莫辞醉，何处扬云闲著书。

流落埃尘酒每沽，故乡风景此间无。黎峰花杂戏鹦鹉，雷水草香唬鹧鸪。林叟几回枉书札，山田随处剩荒芜。钟鼓馔玉极欢宴，独少农家老瓦壶。

【校勘记】

［一］"洪瀚崖"，初印本、重刊本均作"洪翰崖"，误。

重九陪周杏农张香涛诸公宴报国寺

飙蓬动碣馆，霜木零蓟丘。时果正芳华，候禽皆南游。盛宴众英集，笑谈渺沧州。情怀展令节，感喟纡深秋。鳅生亦疲役，河鲤附群流。岂知百年后，众耳倾我不。曾城白日连，琳寓朱云浮。侧面亭林叟，遗迹荒园留。既非执戟官，惟有传经谋。显闻耀八极，谁明中心忧。高飞仰鸿鹄，万事空悠悠。

潘儒初得子弥月志喜

独愧闻啼温太真，屡提文褓拟朱陈。藏书得主人皆慰，英物为援我不贫。谑语开天生蝙蝠，痴心入世识麒麟。充闾跨灶居何等，岱岳岩岩俨丈人。

夜闻归雁

消尽余寒春景融，草萌花蓓蓟门东[一]。随阳有信归何处，入夜无端响远空。关塞十年同爪雪，江湖万里羡毛风。南飞不到乡音断，虚对孤敬怅惘红。

【校勘记】

［一］"草萌"，疑为"草萌"之误。

登窑台

窑台八面郁葱葱，独蹑青鞋雪始融。帝里山光连塞外，天坛树色半城中。遥看云物消晴昼，遍踏春原感惠风。龙尾虚心久淹恋，未能十策献王通。

落花二首

铃索从无鸟雀摇，愁听风雨过清宵。平芜绿处悲三月，流水香中送六朝。绝世北方难再得，香魂上界若为招。春归毕竟归何处？蝶梦莺声半寂寥。

烟愁月恨暮春闲，窈窕枝头分最悭。门掩晴丝香悄悄，墙敷淡日影珊珊。轻飞便拟牵仙袂，临别依然转醉颜。惆怅绣裙来往处，鲜红朵朵覆鞋弯。

第三卷　古近体诗

咏史三首<small>雷阳书院课士作</small><small>此诗尚有韩信一首，犹记其腹联云："三齐王黩论真假，一饭愚能并解推。"今失去全稿，无从登录。</small>

萧　何

洛阳置酒论群雄，野战谁知万世功。秦府图书知海内，汉家基本在关中。薄田仍为子孙计，后相犹遵清净风。久远规模建都日，独传瓦当未央宫。

张　良

苍凉柳塞暇游圮，狙击难言力士椎。五世尽韩臣子义，千秋称汉帝王师。志完自可祠黄石，储定何须扰紫芝？太史好奇语茫渺，云松落落古今疑。

陈　平

门前长者往来频，冠玉当年俊绝伦。孺子岂徒社日宰，女孙无虑嫁时贫。拳拳老氏阴谋戒，欵欵高皇厚重臣。将相交欢终至计，不疑陆贾是闲人。

园中倦适寮成

并耕是我退栖宜，又展团蕉趁暇时。万顷绿云迷被襫，四围香雾拥茅茨。园居岁月花为历，农务篇章竹纪诗。笑把庞公语妻子，鹿门旧事有心期。

雷阳怀古五首

擎雷山色古炎荒，河伯南来怯望洋。瘴海旧添征客泪，峦山欲拓浪仙肠。鱼鳞屋宅无秦汉，鸿爪池台有宋唐。难接古贤流寓迹，万端遥思入苍茫。

来游三辅想盘桓，北地牛羊尚可看。真主宽宏惊岸帻，是翁矍铄可凭鞍。乌鸢堕处功名在，薏苡谗深疑断难。四七云台成蔓草，并传新息启祠坛。

险幸澶渊怯至尊，策能多备睡轩轩。功成始塞儒生议，储建难招故相魂。囊剑无情惊瘴雨，天书有恨对朝暾。何人识得蒸羊意？墓竹而今概不存。

眉山绵缈郁嵯峨，一过湖亭感慨多。宰相二人明主得，弟兄千里佞臣呵。画图写就归耘老，富贵听来悟梦婆。尚忆渐灯容直谏，琼楼玉宇近如何？

珠池宝气总圆灵，英榜晴岚过瑞星。盗贼尚羞陈杞宅，风骚争会谢公亭。环州巨浪吞雌蜺，入汉奇云走怒霆。惟有木华能赋海，涛头高唱与龙听。

田　舍

不竞朱门锦绣华，人生至味是烟霞。欲邀子美吟桃竹，健羡安期食枣瓜。止水真宜明月照，高山何碍碧云遮。陶潜秫酒秋来熟，可许东篱就菊花？

杨槐庭先生招饮雷阳书院即用田舍原韵

文献巍然鬓发华，二铭窗牖郁云霞。拜宜北面同蒲竹，乐从南皮又李瓜。衣被后生言不朽，瞻依老佛会无遮。宫墙谁复分彭戴，桃李春风满院花。

赠杨次彝<small>名德藻</small>

鲸鱼须巨澥，鹏鸟须邓林。鲸鹏处浅狭，跋跃何所任？猗欤子云孙，匡居北门阴。手歼万蟫蠹，胸藏千瑶林。景仰时一来，玄谈敞华襟。稽昔有脉缕，覆篑成崇岑。书丛舒顾瞩，从兹津古今。泳以希澥鳞，翔以轶邓禽。鲸鹏焉可及，澥邓怅余心。

槐庭先生再次田舍前韵见寄亦用原韵奉酬

虚从驹隙掷韶华，酒国颓唐一盏霞。入世应怜蠲忿草，读书难觅镇心瓜。狂澜行地江河下，丰蔀漫天日月遮。先辈清芬安可挹，不曾错爱牡丹花。

再至槐庭先生稻田别墅慨然有感

能抛百日折腰官，屏迹田庐太仆完。泉石清奇天起妒，禽鱼憔悴地霾观。枉思瑞室寻何胤<small>同治癸亥，室为飓涛所毁，大伤人口</small>，每上残螱感谢安。洒泪西州谁可语，人间知己本来难。

门人置酒有作

槐市传经境绝尘，设科至毂各天真。西家尤爱邴根矩，都养无嫌祁孔宾。书卷烟云舒慧眼，酒杯风月慰闲身。气通沆瀣花间宴，莫道高歌有鬼神。

陈亮伯自琼返京顺道见访喜作

须眉遥望讶苍然，一揖真教喜若颠。藤笠棕簦来海外，葛袍齑粥忆山前。故乡虽好仍难住，知己无多反自怜。莫厌荒斋阻风雨，春明相见定何年？

偕亮伯游西湖

半旬言笑息行滕，亟问郊原访懒僧。聚首霜辰应有数，放怀烟水或难凭。微风入树晚籁起，孤鹭踏波秋影澄。对坐东坡亭子上，故人心事玉壶冰。

寄潘儒初

廿年留滞决归迟，车淖衣尘苦恋谁。幻戏鱼龙空百变，故巢猿鹤久相思。东风送雨过茅屋，春水随云入槿篱。犁犊匆匆秧马健，愧难来共酒盈卮。

腊月奎文书室送洪瀚崖旋里

却无深雪晃寒光，小圃梅开冉冉香。已脱锱尘寻酒社，好依绿水筑书堂。花围四面游堪息，橘种千头计亦良。急节凋年且归去，听莺记取就春舫。

记　得 此自写小像所题诗也。以其意不在画，故不入题画诸什，而以"记得"命题，编置于此。

记得当年随计时，闲曹寄迹滞归期。蓟门烟树频赊酒，潞闸风花正觅诗。析木津头诸海合，筑金台上万山卑。可怜臣甫朝天日，犹借邻家蹇卫骑。

仙桥寺茶亭

闲泛梁溪入惠泉，山僧留客忆年年。乳香任沦松风里，舌本能分谷雨前。未苦熙攘来往路，不希细碎布施钱。舒劳释渴担盈具，更见阇黎分外贤。

不到湖光岩二十余年光绪辛卯秋获再游示回真上人

风尘回首不堪论，惟忆禅栖息众喧。重溯铁杷经海县，何须玉带镇山门。岩云闲过有为法，湖月明宜足慧尊。猿鹤鱼龙曾识在，麓床壁磴旧苔痕。

洗芝云司训同年来访于亭榕垞奖其
幽胜遗以二律敬次原韵

齿录初回正壮年，如今鬓发各苍然。却怜支遁买山地，又置成连入海天。血性久湮三世佛，脚跟差接十洲仙。岩栖谷饮终无状，草木虫鱼有处笺。

忽报门前仗履声，仰窥道貌是先生。苔痕斋壁看萧字，花影园林较洛城。未压牛腰存手著，只危马背托躬耕。无多位置应相念，州九求谈大小瀛。

家子经来亭榕垞以诗为费用其原韵示之

放达方将爱老莲，亦欣群季见阿连。名声逼我难为地，英俊过人多得天。松柏林看移洛邑，篑笤谷与咏洋川。宗人卓卓岂限麓，百里比肩应谓贤。

范邑侯过访

细话前游感不禁，况持缱绻访园林。谈诗久忆陈无己，设酒曾随许有壬。七十年来红日在，一千里外白云深。平生私淑希文甚，月下圭峰见夙心。

余散漫海隅交际冷落久无事事光绪壬寅岁夏六月块
坐倾报滇中广东陆路提督军门介堂马公来亭榕垞存
问因为著咏缮图其事盖感叹其奇怀雅度深情而然也

将军原是当朝杰，又有勋名继伏波。特爱幽深随白鹿，悉挥舆从跨青驴。壶歌剑击铁如意，剑舞盈斛金叵罗。十万雄师今在手，似怜病叟鬓毛皤。

文泉同年来亭榕垞出其七十自寿诗见示仍用原韵
为赠并索绘图余为作香山九老图录其诗步其原韵
答之时余年七十文泉年已七十四矣

大椿苍翠历春秋，鹏鸟逍遥看鸳鸠。四海自称习凿齿，六经谁是顾长头？行藏久已因时决，著述惟宜为古谋。七十余年屡相见，濠梁复此继前游。

少壮追随今老大，栖迟各自爱园庐。儿孙颇觉能传砚，君相无从厌滥竽。山有桂松知景仰，泽多黍稷乐营居。声华福寿寻常事，九老香山共道书。

用前韵与文泉道别

云低风紧夏交秋，唤雨呼晴杂鹊鸠。丹桂正开山北脚，苍梧未落海西头。规模大体俱相似，耄耋期颐岂自谋？不是别离是嘉会，明年乘兴合来游。

屈指明年七十一，乾坤身世寄篷庐。双双犹对五千卷，一一何吹三百竽？缥缈神山山可到，婵嫣福地地堪居。函关紫气频频望，为我金壶墨著书。

葺园中草屋将延杨典五课诸儿读并筑小瓦屋于旁

茨求生草竹榱题，筑垒新摅野沼泥。心上合怜垂柳宅，眼前分得浣花溪。忍如圣予图唐马，要使荣趋伏鲁鸡。更辟数弓添瓦陇，自听春雨准扶犁。

述感用前韵

谁叫夷面美雕题，谁识马心怜障泥？外扰内驰多径窦，高樵深钓各山溪。独怒不容分解蟹，相欢真可合奚鸡。耽书空费一瓶酒，实廪频催双驾犁。

喜瀚崖自都门归用述感原韵[一]

春明梦醒不须题，忘却闾门贴紫泥。依旧高谈披草径，从新隐迹问苔溪。金丸不及能言鸭，锦假谁争索斗鸡。别后一经编未粗，详征大半是耕犁。

【校勘记】

[一] "喜瀚崖"，初印本脱一字，作"喜　崖"，据重刊本补。

再和瀚崖二首仍用前韵

天下何人襟可题，鞋痕留得九衢泥。回头大笑见尘海，缓步长吟寻碧溪。夜梦蘧蘧花底蝶，昼听喔喔树巅鸡。奚烦囊负绫文刺，尺宅寸田方试犁。

名字堂堂殿柱题，翻思绛老辱涂泥。寒梅三百树中屿，修竹万千竿里溪。不舞氄氄池沼鹤，频呼咮尔桀埘鸡。遗安有语却佳绝，赠我无如渔父犁。

瀚崖自都门归后词志甚壮为迭前韵

高名绛阙几曾题，虚费丹垆六一泥。食枣身归瀛海岛，种桃心息武陵溪。何须离辖飞金雀，已免操觚颂碧鸡。文阵欣君能贾勇，王庭万里尚思犁。

郑燮臣过亭榕垞用述感原韵为赠

壮年桥柱也经题，末路思丸石髓泥。芳草坡池深筑崦，流花沟洫曲成溪。愚名我愧迷驹犊，卓品君来判鹤鸡。为笑称民括苍老，不应高论着眉犁。

陈楚士将官四川来访于亭榕垞即用述感原韵为赠

犹幸门无凡鸟题，故人来别不云泥。行程远说褒斜道，住处怜同罨画溪。健羡携琴还并鹤，须知舞剑久闻鸡。一餐粗粝宜拼醉，自分东皋老把犁。

送楚士之官四川

出处平时谊最亲，乃从绝域见经纶。六年报最新迁秩，三峡乘舟远问津。久梦刁州临白帝，堪铭剑阁上青神。终须大展文翁化，骆相勋名亦粤人。

锦城争道绕芙蓉，震旦峨眉第一峰。工部昔曾为寄客，右军恳欲遂浮踪。若看贤守携仙鹤，定有传闻纪卧龙。旌旆悠悠之子往，他年入栈或相从。

重叠少日准提阁壁韵罗梅臣鼎见而喜和因再答其意

归证禅宗志浩然，老僧相见似当年。松花为扫三生石，芝草何求五熟田。灵运篇章存慧业，安期游说愧神仙。何期感我紫霞想，挹拍浮洪爱袖肩。

世难亟矣辛丑春梅臣来访于亭榕坨
凄然慨然为作画题诗

平生心迹在岩阿，修竹长松特地多。徒叹邓林追赤日，奚劳华岳擘黄河。神山虽到无芝草，鬼谷迤归有绿萝。惭愧故人谈旧事，相邀高坐石盘陀。

拟杜甫《秋兴八首》雷阳书院课士作

七八九月霜满林，无家可去叹萧森。青神江上天犹朗，白帝城边地最阴。万里鱼蚕聊著脚，一朝鹃鳖亟伤心。及时休虑寒衣寄，《蜀道难》中有夜砧。

来时无意度褒斜[一]，夔国何期阅岁华。李郃观星犹守驿，张骞问石岂乘槎。一双幻迹羁仙舄，十八凄声惨塞笳。难问旧交严节度，浣花溪已属芦花。

城郭芙蓉无碧晖，旅人即次觉身微。鹰怀既羡能高击，鹢志胡为在退飞？题柱功名谈弃取，下帷忠孝卜从违。杜陵旧业声华盛，悟得裘轻与马肥。

世事争饶若着棋，长安日近令人悲。罗衣应谶忘何地，金鉴输诚见此时。二酉图书收不稳，五丁勇力用非迟。蒙尘隐恨将谁责，鸿雁来宾有所思。

太华终南帝里山，八川浩瀚绛霄间。九重正拥黄图辅，百二长临紫气关。天地生成皆在宥，日云瞻就不违颜。如今落拓岷峨际，几见含香傇值班。

一去何人总掉头，莫来就我锦官秋。君臣分义谁同论，弟妹恩情并作愁。回曲方圆难举鹄，浮游汩没不成鸥。秦中歌舞那堪忆，漫道瀛稗更有洲。

昆池习战欲邀功，灰劫消残碧水中。织女牛郎虚度日，碧鸡金马更趋风。竹竿笼雾枝枝绿，枫树含霜叶叶红。未望旌旗随武帝，且留几仗伴文翁。

乐游原好借逶迤，犹爱天清皇子陂。鳞角笔参红杏蕊，虎头囊挂绿杨枝。那知皮骨多奔走，岂得襟怀渐转移。魏阙江湖异前况，绝怜白发两肩垂。

【校勘记】

［一］"褒斜"，疑为"褒（褒）斜"之误。

送尹郡伯四首_{名恭保}

檗皮原苦桂枝辛，练得平生不道贫。大智亦从多历事，长材谁识几由句。翁归入传真循吏，吉甫称诗最雅人。仍作当年旧交看，一麾雷水访闲身。

眉宇翛然认紫芝，黄堂骢马暂乘时。扼兵虎塞书曾列，划界龙编议久持。事去儒生空乞障，时艰荒服等殃池。酒间抵掌谈慷慨，犹叹先朝戮贰师。

田园默觉已荒芜，只拟偕耕主伯呼。官从见临挥季雅，隐居相品似方壶。深思志节陶征士，细述文词屈左徒。石室传经为延讲，又明旨趣在鹅湖。

爱戴才传众志殷，郡民额手得贤君。柱铜壁粟沉沉备，乡校农田历历勤。投劾隐衷难自白，去思馀事忍相闻。边才总是休闲置，揖劳宜逢灞上军。

秋柳四首 雷阳书院课士作

却忆春风剪嫩丝，半黄半绿傍江湄。无多燕语莺歌日，又是枝凋叶落时。汁染斓衫犹未浣，色残羌笛漫频催。独看时物惊迟暮，情绪萧骚有所思。

西风何事画桥边，作得萧疏太倒颠。微籁潜生当返照，轻条擎飏带寒烟。茫茫自觉百端集，洒洒谁堪万绪牵？欲折一枝无所赠，乌啼不是白门前。

疏雨交加天益凉，飘摇景色满林塘。随阳斜雁行疑映，饮露寒蝉韵转忙。九陌鞍翘携酒路，一窗灯影读书堂。树犹如此应同感，晚艳何曾叹拒霜。

不能寄语与宫莺，昔日金衣衬织成。媚眼今开终觉冷，长眉全扫有馀清。潘妃菊艳娇无力，江嫔梅香腻复情。岂识柴桑翟卿树，宅边终异石头城。

又四首

星虚乍转照长条，浅绿深黄变暮朝。纵在雾中能着眼，也从霜里一伸腰。梧桐不自称先觉，松柏何尝侈后凋。惆怅离亭曾绊马，百年几过尽情桥？

远空吹雨洒凄清，洗尽繁华枝叶横。摇曳多姿真往事，婆娑生意不胜情。剧怜万树随江岸，莫漫千条唱《渭城》。尚有啼乌栖宿处，六朝如梦暮烟平。

黄鹂飞去杳难寻，濯濯原思张绪深。罨画楼台多反照，萧疏门巷几垂阴。染衣谁识空空手，摩笛能通缕缕心。不必含情惊雨雪，依依入目到而今。

秀色原来最可餐，那教青发惜衰残。矍翁眉目初如画，靖节归来正解官。斜月照馀疏影瘦，轻烟锁处老枝寒。须知代谢寻常理，转瞬灵和殿里看。

又四首

如何转眼便销魂，万绪飘零翠不屯。恰剩乔珠围白下，还飞乱叶敌黄昏。稽生锻歇犹遗灶，周亚营荒久启门。回想春光谁漏泄，梢头蝉怨更难论。

三眠三起送群芳，自爱疏枝鉴浅塘。非复新声流玉管，羞将残缕贮金箱。强生微籁声无着，倦对斜晖影便长。忘却繁华忘冷落，并忘重过永丰坊。

今来莫道雪霏霏，昔往都疑景色稀。家在孟城坳口住，人从彭泽县中归。共疑取斧痕都泯，未信沾泥絮绝飞。若比江湖惊随晏，谁与弹汁染征衣。

当时袅袅更翩翩，风爱吹花叶蘸烟。自问不招青女妒，老来犹得白郎怜。媚增眉妩无多日，瘦损腰肢又一年。欲与栗留复传语，何人惆怅画楼边？

诸葛武侯庙_{雷阳书院课士作}

异时适有沔阳行，许祀犹怜野祭情。况慕君臣契洒落，能教正伪义峥嵘。三分鼎足光刘祚，五丈原头出汉兵。遗烈奚须绵竹振，草庐一对尚如生。

曾向隆中访旧耕，又搜遗事锦官城。隐居相信惟师友，仕路分明任弟兄。火井能炎臣极立，星躔乍陨帝图倾。煌煌二表升香读，不是长吟抱膝声。

南阳寄旅守生平，暇即长吟时复耕。世念苟存真淡泊，书观大略是专精。如何管乐只轻比，遂与伊皋并大名。四百年终得王佐，非徒黄武一朝荣。

隆中无复卧龙耕，尽瘁谁言志不成？争鼎三分非割据，《出师》二表只忠诚。闵宫永得同先主，遗像何妨肃大名。羽扇纶巾今未死，神交千载尚如生。

古来出处最光明，渭钓莘耕分义成。正统不因司马氏，奇才徒震卧龙名。一干尺柏横空在，八百桑株遗壤生。诸葛祠堂自终古，西方思满锦官城。

赤伏旧符归后主，黄初新历愧先生。逼真名士方巾扇，也是奇才识垒营。即作伊皋躬尽瘁，能兴礼乐道难行。今看祠宇遍西蜀，宜配宗臣冠两京。

大儒道重不心轻，治国何曾异治兵。学以孔颜权用舍，才如伊旦论功名。千秋独见君臣契，一统犹从气运争。《梁甫》再题拜祠下，高吟难接卧龙声。

军 门 细玩此诗，结语似为马介堂军门来雷清乡时作，系光绪末年事。故置于此。

戟扉严锁岸纶巾，刁斗无惊仗虎臣。驳垒静为罻雀地，戈船闲住打鱼人。庭禽惯听铃声晓，埒草齐生马迹春。今日文章方报国，论兵何处靖边尘？

次韵许仙屏中丞送还雷阳
筹备春赈兼理书院之作

家住擎雷郊树中，知门鸡犬似新丰。卅年马厩谈经士，万顷鸿陂秉耜翁。桃李仍开山径北，禾麻尽逐海涛东。呼将归去相料理，学校农田两慰公。

与仙屏中丞话别再次原韵

急整归装春未中，锦囊贮稿亦能丰。登堂戚族欢宾主，入室儿孙恋媪翁。花片池塘风半卷，柳条巷陌日初东。旧庐安处承谁赐，我亦苍生赖谢公。

中丞许六兄持节过岭出示舟中忆潘邓陈之作
感均存没而幸余无恙余来广州上谒为和其韵
既痛潘邓亦自叙也

　　明月无别离，空山照琴酒。林庐吹远风，古色换薆朽。故人天上来，飞书访遁叟。喜极向谁言，誉溢愧南斗。本是平生心，相持慰饥渴。沧溟纳老鲸，有浪或须跋。其如猿鹤姿，霜雪欺鬓发。知已可增龄，当作百年话。当时邓与潘，于我有深爱。事事法古人，亦为世所怪。君能相骅骝，物色不旁贷。风节果峥嵘，谈及一何快。吾党振奇士，潘邓为一双。京华昔同游，杰气屹不降。即事驰离思，遍岭海湖江。荣瘁与生死，悲歌无乐腔。倘教恋遇合，奚至逃公卿？凤翔黄鹄举，羽翼横太清。若士耸汗漫，应寻天际盟。以君此时意，贻我千古名。

桂南屏世兄招饮且惠以诗中丞先有诗赠即用其韵

　　曾送尊公皖垒游，悲凉离唱不能休。英雄奇策穷途尽，日夜大江东去流。剑佩永留徐子墓，衣冠无事楚王优。郎君自抱匡时略，识路那从老马谋。

　　丛生桂树忆联盟，玉友金昆尽有名。大小山同变雅意，东西汉续说经声。青箱今日千秋业，皤发当年万种情。欸我越王台畔宅，苍苔綦迹贴云明。

亡友铁香令子忠国世兄入城访许中丞与
余中丞先有诗赠余用其韵

　　铁汉铮铮众所惊，兼之文字作金声。千官缄口输忠悃，万马腾蹄压敌情。党锢今犹尊孟博，侯鲭久不附君卿。中郎倒屣名家子，岂例西华感慨生。

世事匆匆过隙驹，一廛吾欲自营菟。何缘璀璨凤毛遇，愈信昂藏骏骨殊。南塞却琛心矢久，东樵勒石志无成。九原一洒伤时泪，嵇绍今来愧不孤。

奉和仙屏中丞丙申中秋广州使署西堂宴集赋示诸客原韵

四卷纤云月府开，依然近水得楼台。重轮纳满山河影，七宝装烦宇宙才。况喜班联来玉笋，更怀光彩赠金苔。平生心事倾今夕，为抚桓争响正哀。

秋坞图画与许中丞

所居远难至，南溟南复南。苍峰瘦欲赭，幽溪清转蓝。岚气拂遥嵝，溜响传空岩。渺渺认鱼艇，寂寂逢樵庵。斜阳疏雨外，皆为秋遍函。故坞方自忆，何人可偕探？

第四卷　古近体题画杂诗

癸卯六月游番禺黉舍校师罗珊洲属绘
岩栖僧图并题律诗十四韵赠之

　　慧业谢康乐，净名王右军。盛年遗万事，远跖访三乘。鸡爪终栖遁，羊肠屡涉升。泉通神禹穴，石踞女娲陵。覆壁苍丹藓，危峰宛转藤。那图洞府峻，而获麓林宁。竹露滴寒黛，松风吹暖冰。报时猿自倦，记地鹤休凭。布席山光荐，铿钟谷响应。静思双树佛，动似六朝僧。大劫度斯度，无为能未能。跏趺惟竖麈，怜爱岂羁鹰。日月多潇洒，云霞任郁腾。真人天际想，景仰有奇朋。

为珊洲作祖孙赏梅图

　　大庾罗浮归路宽，千重涧壑万重峦。既多雪月资真性，不少烟霞展旷观。老境逍遥能守洁，童颜烂漫讵知寒。贞元继合天来复，祖与儿孙气一般。

画　石

　　云根何玲珑，巍峨蟠碧空。右有古木林，左有修竹丛。郁郁屯苍烟，漠漠生寒风。不知何代人，结茅于其中。适欲与之游，翻疑无路通。

壬申由京返郡与何雨亭杨修乙杨圣冲杨思三饮于环碧园酒酣修乙出扇命画为写即日情事于上并题诗<small>此首应编在前。因题画诸作先后年月次第断不能一律整理，故随搜随录。</small>

密箐分村路，新园访隐庐。篱香彭泽菊，碧畦汉阴蔬。近市能呼酒，临流自网鱼。开怀应畅饮，一别七年余。

题画箑

高岩邃壑郁鸿蒙，半是花林半竹丛。欸乃闻歌不知处，仙源旧日有渔篷。

题　画

一德二才关甚事，三灵四运阅何人？五株六株桑树老，七里八里云泉新。九域青山生屐齿，十洲碧水接瓢唇。百回千转林岩路，万亿年来无俗尘。

又

本非槎泛人，岂是居巢子？但入山千重，已浮海万里。猿啼苍峡云，鹤掠寒潭水。淹留每不归，尽日江楼里。

画芍药调连平州彭嗣赓时来雷觅逃妾也

曼殊娇小弄韶华，难在丰台作小家。人面桃红皆不见，空开芍药石边花。

徐少白世兄来亭榕垱话旧索画因题七言排律

洞天福地去跻攀，曾共先公订赋闲。三十年前文字上，二千里外别离间。

生涯岂借黄金印，归计惟循白玉环。岚气瀑声方满谷，长松古桂又连山。江淮来劝王孙隐，湘澧欣同公子还。惭愧多情远存问，衰翁曾否有童颜？

光绪壬寅春为理宾弟作东皋老农像诗并序

今海宇扰攘，鲂鱼赪尾，牂羊羵首，何托堪恒产？何适是乐郊耶？理宾持此画归，为剪草作屋数间，张之壁，待余决行止也。

少日耽书壮旅途，老依郡郭事畜畬。交亲时获来谈稼，官吏都称勤纳租。雨笠烟蓑鱼牧具，花塍竹坞酒茶壶。他时尚拟归乡岛，农叟兼堪作钓徒。

又

诸儿皆长大，难免帝王游。三孙福禄寿，读书能养牛。意欲率之返，聚族居沧州。村中本旧托，岂为避秦谋。

光绪庚子岁五月在亭榕垞时山静日长养疴获闲适趣忘老少文图壁夙兴悠然伯牙弹琴雅志有在爰作画六幅并咏诗六章即与次子阿鹏其题目所出皆约略予生平经历也

遥堤归村其一

奚妨问所向，泽国旧安扉。地划田疏密，天园树显微。村闾多织室，邻里几渔矶。杨柳兼葭远，长堤碧里归。

大谷卜宅其二

岩壁峰峦窦，梓楠松柏樟。百溪千逶迤，万岭一青苍。鸟兽依何熟，龙蛇遁亦良。为夸彼佳胜，当是地仙乡。

峡脚望湖其三

湖山耸奥数，峡水汇通川。上极空空地，下临渺渺天。根摇瀡淡月，顶蓄荒凉烟。远望布帆影，宁悬此岸边。

源头访洞其四

我曾常德去，乐得武陵源。虽设楚官县，难移秦客村。陶居意宛在，嬴政乱何存？洞口桃开落，渔人休易言。

雪月梅坞其五

雪月正交映，山空夜已深。高峰无匿影，邃壑有暇心。孤往不时睡，同怀何处寻。清香来断续，转忆梅花林。

风云竹溪其六

游舫入修竹，晓风兼晓云。频红楼下过，任碧闸中分。但看知谁主，难无惟此君。渭川淇澳旧，画桨未尝闻。

忆旧十二首

庐 山

巍峨连亘蔽遥空，深谷逶迤积翠中。云里湍声千障两，日边林影八崖风。九江东下多枫树，五岭南回尽桂丛。敷浅原高入庐岳，何曾惊却守芝童。

庐山栖贤阁幽村

玉渊三峡峻，仿佛有田园。夏浅峰峦冷，冬深涧壑温。松楠藩石绝，葡萄窦泉源。欲伴硕人住，考盘难与论。

幽村别趣

巨石耸高林，入山深更深。二苏游赏外，寄我此时心。

一舸泛湖

我思范少伯，金铸不留身。地户空能霸，天机妙如神。苎萝萧邑暮，杨柳苏台春。功成莫相弃，同是沼吴人。

金陵雨花台

多少兴亡恨，飘零晚近才。阿育塔边去，长干里下来。天重云树路，地展雨花台。惟寻五彩石，茶肆久徘徊。

田　家

东西江会北江流，无数峰峦解挽留。许我石根营宅舍，借谁沙坦垦田畴。花畦静宿能言鸭，桑阴闲游识字牛。满眼清波满身翠，昼长人寂兴悠悠。

野　外

无端郊野外，秋色入微茫。浅觉水痕淡，高增山气苍。平沙经雨白，剩叶带风黄。独散皋亭步，夕阳人影长。

半塘园庐

世味园公淡，城西葺草堂。茭蒲莲沼下，蕉柳药栏旁。果木新多实，花枝老更香。千竿修竹庑，许我伯鸾藏。

往西樵山

万迭峰峦里，晴江湛碧流。花之随岸曲，桑者入林幽。西樵久欲往，上策莫如休。伊人云洞老，念我雇渔舟。

波罗江孤屿

积石郁嵯峨，目穷千顶波。高松蟠峻顶，密荻挺回阿。鸿飞招岂得，鱼乐跃如何。谋结一水树，间听欸乃歌。

天湖山

神峤崖颠起，仙溪壁脚通。树深迷处所，泉远在虚空。古洞豫庐舍，闲猿堪仆僮。道人厚相约，莫忘此山中。

肇庆石门金山寺

樟楠松桂各为丛，岩迂曦光洞养风。四绕溪流澄雨后，八成磴道耸云中。远闻钟磬疏逾寂，近见楼台掩又通。玉带漫谈苏学士，丹炉健羡葛仙翁。何曾怪事教人异，谁得闲心与我同？只觉江山最幽胜，千年留此炼方瞳。

醉 翁

壶卢能贮醉乡天，无亦非佛有岂仙。石几竹篱花杂木，酒家园圃雅且妍。万事到来无一事，今年过去又明年。不须荒宴纵荷畚，平生难负杖头钱。

苏张承天观步月图

髯苏乘兴夜将深，幽客未眠聊可寻。万里圆月周地体，一轮高迥到天心。近看霜柏离离影，远听风篁簌簌声。绝少闲人如尔我，不教皓魄枉升沉。

菊 影

是花是色细凝眸，叠叠遥遥趣更幽。无限清高遗意寓，有何凌乱妄痕留。亦怜人淡兼人瘦，省识今秋与古秋？定合形神相赠释，渊明篱畔久夷犹。

梅　影

洁绝何堪冷眼看，全非著象亦神完。画中那见风吹落，檐际偏教月照寒。本色自能传雅淡，暗香不许共消残。如图一幅罗浮梦，光景迷离点缀难。

秋林高士图

蟠松郁青葱，但匦危峰脚。群木坚且瘤，遥当壁面削。云气与霜光，晃晃复漠漠。不知何人家，竹篱远园却。衣冠忘古今，禽犬适饮啄。群言琴可携，我许茗屡沦。莫哂吾道非，栖皇无处着。

题　画

亭榭四五间，踞湖亦依山。环堤多郁茂，锁麓尽潺湲。应赖栏杆倚，只看舟楫还。游人但逸望，何以知吾闲。

皋亭独游图

皋亭风月暖，春满水东西。连村花郁馥，夹薮草萋迷。鹤习步相引，鸥盟心最齐。沧州无限趣，都在独扶藜。

山居图

苍翠与清冷，瘝寐耿长见。素怀随遇安，斑发历年变。欲去去何之？云游游已遍。内重忘寡观，外轻悔多恋。饮酒下渊潭，呼鸡上岩巘。兴亡不关心，亲故常觐面。山梁架壑行，孰谓桃源远？

为罗珊洲画扇

适野亦无事，闲行当及时。水光春滉漾，山气昼迷离。陌接三三径，桥通六六陂。蒹葭明白鹭，杨柳暗黄鹂。与物方同乐，何妨归咏迟。

又　题

临湖西山市，林木碧高低。庐屋比如栉，蹊涂萦似梯。船来秋水外，人立夕阳西。昨宵何处雨，桥溜下前溪。

栖贤谷三峡观瀑图

天开敷浅原，江山忽盆集。一峰一壁张，百石百泉出。三宫芝草长，双梁桂花密。所以瀑布奇，天下推第一。上穿鸾鹤巢，下泻虬龙窟。悬涛号风雷，飞沫湿云日。其源何处来？解人正难得。宗刘结社池，白涉读书室。都在深岚中，苔霾游迹失。栖来幽谷翁，胜慨或能述。今当皆遍寻，逸兴殊未毕。

秋林高士图

吉能贞履坦，屯耻利盘桓。忘情同草木，托迹爱岩峦。谷奥冬逾暖，溪深夏转寒。绮季非汉客，巢许岂尧官？行子休相讶，辽东裹白冠。

江亭独坐图

久息山外游，仍在山中住。寄巢近龙湫，曳履遵鹤路。雷声出涧湍，雨气入崖树。吾耳不受喧，何须掷瓢去？

画梅鹤

西湖依水石，孤屿托轩窗。犹种梅三百，相随鹤一双。寒香聊自爱，远影不妨降。雪里水边意，长鸣同异腔。

又

梅花与我岁寒依，双鹤常来不肯归。若爱山中香雪好，莫从他处树林飞。

画　蟹

沙坦照晨日，芦林漾午潮。圆匡藏不定，健爪走无嚣。怨避解家酷，恩怜悼女娇。双螯能剪虎，此意那能描？

又

郭索相逢对拱亭，高撑双眼望沧溟。珠玑吐沫环脐朗，琥珀凝膏盎背青。四处稻花荒海日，几年芦叶冷江星。只今共觉都亭梦，大笑刑天舞禹经。

又

九月团脐十月尖，老饕姜醋不能廉。横行休爱文章誉，解事何担甲胄嫌。腹里珠玑非匿酒，匡中黄白岂依盐。江沙海淖荒洲外，郭索芦根好自潜。

观鱼图

临流何恋不归去，古木苍苔近石矶。汜汜深红花片瘦[一]，依依浅绿荻芽肥。江湖自得相忘趣，濠濮能参至乐机。岂复侈谈烧尾火，最嫌多事禹门飞。

【校勘记】

［一］"氾氾"，重刊本作"氾泛（氾）"，疑为"泛泛（氾氾）"之误。

画　梅

万紫千红委世尘，岁寒何处发天真。月前风后能常晓，云际霜间独自春。古鹤语通高士性，野狐姿愧化人身[一]。如斯花放如斯树，无色无香只有神。

穷阴闭塞太无聊，忍见人间久寂寥。廿四番风须后日，二三尺雪记前宵。开从元气神俱静，送到真香意也消。不负山隅与溪曲，诗情何羡灞川桥。

【校勘记】

［一］"化人身"，重刊本作"北人身"。

画芝松石

赤松黄石紫芝翁，不与秦雠岂汉功。毕竟苍山好相伴，白云舒卷满长空。

画钓叟

非因水国就鲜腴，托意烟波亦自娱。蓼岸芦堤三里近，鹭汀凫渚半尘无。摧鲜时复怜贪饵，遗壳谁能念曳涂。为语富春江上石，一竿长伴客星孤。

庐山图

卜宅迩匡君，名山一席分。虎溪情久属，鹿洞道初闻。桂露湿岩日，松风凉壑云。锦屏青九叠，鸾鹤自成群。

泛舟图

非僧非道非人寰，何事宜忙何事闲？无限烟波湖外水，有情云树峡中山。只教鸥鹭窥书画，那管蛟龙攫剑环。正可江淮摇楫去，秋风丛桂又堪攀。

自画堂幅横帧题诗寄意

莫莫峰峦望不迷，茅林掩露草萋萋。有花是在中央屿，无柳非垂左近溪。屋宇旧新山上下，船帆来往水东西。人间否泰吾何与，诗任闲吟酒任携。

光绪壬寅作潭拓山涧晴雪中图盖忆京华也

西山摽壮丽，北斗挂崚嶒。位踞太行首，基蟠景运膺。重台擎宝盖，广囿络金蝇。莲稻浸千顷，桐槐峨万层。风前云昼散，雪里月宵升。九塞游奇士，八方丛异僧。青蛇藏大小，白鹤识衰兴。何事涧阿侧，轴蘯临积冰。

海山双鹤图

北陆寒凝气郁萧，清营极望酒乾瓢。六鳌未肯流三岛，双鹤无端唳九霄。碣石传闻成洸柱，扶桑怪见有荣条。不知丁令威何语，稍说将军旧度辽。

扬子江舟眺图

江南不胜宽，两峰飞碧丹。焦庐何窟穴，郭墓几漪澜。仙佛心无着，英雄事已残。楼台与钟鼓，仍耀峭帆端。

江西吴城望湖亭图

波光五百里，送碧上空虚。几枝垂柳在，廿载劫灰余。曾陟匡庐峤，亦浮彭蠡潴。屯兵前日事，壮志问周瑜。

山居图

独向深山高处居，架流截磴自凭虚。众壑泉声鸣屋底，孤峰云影落庭除。懒从虎阜求神剑，羞入龙原发古书。惟有苍松将翠柏，不言年代忘生初。

题　画

荒僻何由住，安身任厚坤。自然存石室，偶尔对云门。阴洞藏山麓，阳崖出水源。花飞千仞瓣，木走万年根。独坐听鸾鹤，偕行见鹿猿。终疑辞越峋，始信避秦村。地理同高下，天时异冷温。淮南招隐否？幽胜恋王孙。

块坐总无事，闲行亦散忧。浮生本如寄，大道孰能任。未敢窄天地，休为分古今。神山不可接，鬼谷岂堪寻。书窟龙原广，剑池虎阜深。草木华斑管，烟霞蕴素琴。春云秋月色，晨鹤暮猿阴。得此意良足，奚劳招隐心。

深溪光淡沱，远巘碧稀微。洲后一楼杳，堤前万树围。俯应鱼见跃，仰适鸟闻飞。至乐此其处，濯缨还振衣。

题 画

空虚非可遁，只息步蹒跚。茅屋亦聊结，竹门常不关。裹粮惭淅澥，积卷昧姗嫒。旷野到天阔，高林占地闲。风前秋叶雨，水外夕阳山。跫然足音喜，乘兴一酡颜。

沧溪合诸湍，时泻时复汇。四山连断回，万石高低带。林面拱矼梁，壁根奔滩濑。遥非星宿源，近岂楚吴界？雷霆风雨中，荒险涉无碍。

题 画

群峦环洞门，别有一天地。云烟皆碧光，卉木多香气。微茫分径蹊，迹绝樵渔至。翻疑避秦人，五百年封蔽。湫鱼鱼莽禽，那识尘寰事。

题画与杨雨农

何限峰峦拥树青，树荫溪水过门庭。远源到岸楚桃艳，诸涧合流郦菊馨。五岳都归闲记忆，十洲无待苦经营。门前磨斧投竿石，时见渔樵人隔枒。

题画与杨雨农

欲从天地外，乘兴一帆飞。不顾锄黄独，何庸屋翠微。身屯心自泰，今是昨宁非。瑟瑟兼葭岸，萧萧杨柳矶。波澄沙益静，岭杳树难围。斜照明人发，回风动我衣。相将望秋水，竟日淡忘归。

题 画

坪跟入地壁空倚，嶙脊到天岚自飞。荒渚野船维不动，渔樵日暮已先归。

弥弥溪崖宛转流，重重峡嶝交加树。折屐相邀岭下来，戛桡欲向湖中去。

婆娑高树覆深幽，结个茅斋傍树头。七十二峰通气象，八千余岁记春秋。任教取影祈沧国，可忆投生郁越洲。是佛是仙心浩浩，闲行闲坐兴悠悠。

泉甘土膏沃，宜以开田园。如何大橄坞，不见新乡村。秋桂翳山嶝，春桃迷水源。人踪应未到，古境方能存。恍悟诸荒僻，别留一乾坤。仇池与雁荡，投迹莫轻论。

藩篱即丛山，山深实堪住。前山响松风，后山流竹雨。白云匝梅岭，明月起兰圃。佛心岂求安，仙骨那得故。我欲邻结庐，徜徉不归去。归去亦何妨，恐来不知处。

分明石崚崇，包括地多少。苍霞漫高穹，号风沸深窍。华掌岳擘河，蓬股海连峤。树影千仞披，湍声四围绕。在在可樵渔，群群足猿鸟。何当置巢居，婚嫁不待了。

独立高原古，天际见岩峣。急瀑洒壁脚，修林贯崖腰。逾溪应启洞，入谷屡忘桥。艺黍心无恨，餐芝兴更遥。幽人考槃所，前有尺书招。

题画十幅

与世何曾绝，幽栖是凤心。天宽近水泽，地奥足山林。托性鹿猿鹤，萦情诗酒琴。但能频顾访，忧乐岂相侵。

岚影遥迷树，波光静息澜。山围疑地缩，水汇觉天宽。溜响奕边过，峦形琴里弹。镜函启楼阁，亦拟倚栏杆。

不识山深处，何年建屋堂。石巅留鸽跖，林隙透羊肠。露镜能承月，云钟惯警霜。有谁读经暇，绝涧为流觞？

万溜汇天色，四山围渺漫。底通洞府邃，旁对麓床宽。花片唼金鲫，竹竿翩碧鸾。虚亭冠孤屿，闲杀几重阑。

自昔得兹镜，喜临沧海前。藤萝远近树，粳稻东西阡。三里复五里，十年将百年。鳞鳞水月露，翼翼山风烟。跨鹤讵乘蹻？摩狮俄离禅。闲闲芦荻岸，又泊养鱼船。

却思雁荡近温台，古未闻名奇独开。岩薮荒荒何宿曜，溪潭历历自虹雷。生香遍地花千匼，积翠连天藓四回。绝少幽人知处所，那须逋客看山来。

峨峨经代年，畴获跻其巅。照曜四围日，苍凉九点烟。龙裳弗曳娄，凤驭且翩跹。以此逍遥趣，能随缥缈仙。

雨后江山春放舟，春江水绕春山流。桃花不作无情态，流到春潭亦狎鸥。

缥缈峰峦欲到天，秋林原不着岚烟。并无道舍兼僧舍，那记江边与海边？万事从头无一事，百年过眼又千年。伊人悟得此中趣，画笔萧疏已是仙。

叠峨回崖各杳绵，千重林木百重泉。漂红灼灼芳湖上，积翠浮浮古洞前。岂少耕樵恬洞壑，定多鸾鸟恋潭渊。沿流远望朝跻路，穿过云岚更有天。

画蟹六解

青螯十二隔重滩，卅八爪同嬉紫澜。峙目坦脐常自适，旁行正拱各相安。岂有姓名招喜怒，更无别白到尖团。江风海月朋俦众，蓼渚芦洲天地宽。

画蟹三解名三杰图

浩荡晚风山左股，睡朦晨日海东头。双螯一挽珊瑚树，八爪三登玳瑁洲。魑魅逃惊形状怪，虎狼毙向手身遒。解人欲用安盘石，三杰原能为汉谋。

画蟹十解

十分解事真难得，聚众洲前芦荻花。一百爪螯纷郭索，不沾泥淖岂爬沙。

画梅兰石

何年霄汉陨明星，化结仙云红白青。不转几层言守介，能飞未必羡通灵。二仪岂塞玲珑窍，千古皆惊怪伟形。设逐娲皇补天去，梅兰焉得共芳馨。

题　画

千寻巨木经时旧，百道流泉逐日新。淡旭漏云明岭脚，凉飚吹雨润溪唇。沙边亭子闲闲我，林下山翁落落人。相识休论天下事，桃源芝石喜无尘。

元白何堪作解嘲，捧著应笑遁观爻。昆田风暖芝耘圃，颍屋云深树结巢。溪涧纵横通野钓，林峦排荡绕堂坳。春潭秋坂能乘兴，多少麟鸾尘外交。

石色混天色，一峰连数峰。麓藏敦凤竹，巅舞扰龙松。日月透光耀，烟云消翳丛。登亭须换屐，离寺亦闻钟。携得惊人句，阿谁能我从？

题　画

泽数标峰上杳冥，秋霜草木各深青。云龙山里张居士，肯结岩边放鹤亭。

鸟兽同游不乱群，洞门草木水源熏。儿童随意携琴酒，胜事难教逼客闻。

东去长江何处边，江南江北阅冬春。自从淘尽英雄后，云影天光不见人。

归来那复事，境地旷苍茫。平泽停秋潦，高原带夕阳。雨后皇仍碧，霜前柳自黄。无人送酒至，闲坐读书堂。

山根纤水源，苍碧远无痕。秋树连春树，南村对北村。桃忘秦世界，桂恋楚王孙。幽绝蒲帆入，逢人休易言。

秋水照如镜，秋山围似屏。直从山上路，横入水边亭。黄叶忽含赤，碧泉常带青。高山流水意，琴操最堪听。

白鹿年来养最驯，石门云郁峙嶙峋。相逢日入林深处，踪迹休嫌不见人。

柳黄枫赤白芦花，难定伊人何处家。夜半垂纶浑不寐，月中蓑笠坐轻艖。

花里梅边一草亭，高山远水接青冥。胎禽原与人同趣，招手能呼下羽翎。

振衣上踞万寻冈，俯视犹能辨混茫。无限白云从地起，也应慰我感苍凉。

云嶂千峰峙，风泉万壑流。松衫成虎阜，橘柚满龙洲。到处闻樵斧，何年见钓舟。所欣惊汉晋，不避白秦头。

障近奥仍旷，陂遥洼复岑。纵横三五里，回互几重林。路散山花气，窗喧野鸟音。不妨常过访，家酿足同斟。

峰竦溪鸣岚拂衣，草芳树茂野禽飞。幽人联步斜阳里，游自何山何水归？

题画与杨雨农

未曾无一事，亦足少徜徉。适野遥诗眼，临流润酒肠。细雨洒桥湿，长风飘袂凉。归鸦经树杪，青嶂满斜阳。

画石竹兰

省识何年石，荒抛旷野中。仙壶栖讵隘，鬼谷凿能通。竹为铺翠霭，兰得透香风。我心匪不转，可爱是玲珑。

画 石

不为世所收，或为天所宝。苍奇绉玲珑，具有诸样好。何为赏苏公，未必归米老。五色赖补天，山外卧芳草。

画　鹤

昆仑未必远，渤海不为深。虽戢九皋翮，宁知万里心？凌霄终自去，警露莫相寻。子和谁能遍，高鸣耻在阴。

画　梅

罗浮应有种，左股徙蓬莱。护雪藏元气，因云出艳才。几生修得到，万卉让先开。谁作诗笺道，山楠梁栋材。

画　竹

高宜十二节，多讶一千竿。簌簌迸冬暖[一]，萧萧生夏寒。蒲怜将欲拜，蕉喜不须弹。持此至清意，辟疆园里看。

【校勘记】

[一]"簌簌"，初印本原作"簌簌"，改为"簌簌"；重刊本仍作"簌簌"。

题　画

方壮弃渔钓，无才游帝王。复归白水外，独坐苍山旁。云影敛秋色，霜光明夕阳。当时矶畔柳，摇落不胜黄。

画竹石

石介以苍兮玲珑，竹箭有筠何蒙茸。竹石相亲似相得，只缘两物中能空。世人莫作实相看，是竹是石心原同。

画兰石

灿灿秋卉，宜隐宜仙。南阳郦水，结根石边。村民饮濯，寿逾百年。我爱其节，霜中能妍。如此丘壑，愿将栖焉。南山之见，亦得并传。

抚梅高士图为杨少彭作

石边水际步来频，索笑何如契以神。百万树中无此树，三千尘外又何尘。奇干横斜经雪月，高花闪历缀星辰。惶然抚立意绵缈，忘却梅身与己身。

画古木并题诗奇意

脚跟已置尘寰外，胸次堪藏旷古前。蓬岛何人知世代，桃源为我辟山川。蔽牛老木留千阴，奔马惊流止九渊。对树听泉堪度日，也应醒得蛰龙眠。

明雪湖图

烟波无畔欲何去，春夏之交青绿迷。山上石泉浸山下，湖东沙路过湖西。双双白鹭立蒲渚，个个黄莺飞柳堤，风曳衣袂云翳笠，酒亭茶阁见扶藜。

天姥山梦游图

群仙骑胎禽，共集崔嵬顶。丹霞迥百寻，白云足千顷。杯斝吸微茫，笙箫奏寥复。松风能传声，竹月为写影。三层上阁眠，一枕游仙醒。虚无缥缈间，开牖望诸岭。

云台观图

路遇仙童开笑颜，为寻龙蛰入深山。西岳三峰分赤祚，先生百日卧玄关。芝兰松菊忘声臭，涧壑岩峦任往还。但肯提笼同采药，可无兴丧见人间？

海门隐迹图

何处乱帆风外飘，山光海色接青霄。迷离岛屿三壶近，浩渺波涛一勺遥。绝少人寻狎鸥槛，无多我坐钓鱼寮。为收平日乘桴念，蟹酱蚝油侑酒瓢。

山居图为杨少彭作

小隐即大隐，山村复水村。能来从我者，乃是故人孙。谷饮栖岩意，仙书释部论。君看此笔墨，岂有世情存？

题　画

忘古忘今何所争，宜仙宜佛总无名。谁教鸿鹄天边举，休说麒麟地上行。水潆山陬多旷奥，老梅高柳任纵横。若过昔日临江宅，潮响岚光背面生。

题　画

一线梯云路，翻纤袅袅悬。峰巅千叠树，壁脚四围泉。家在虚无地，桥通小有天。相逢休见问，何隐亦何仙。

画牡丹

富贵逢时亦傥来，清平风调岂凡才。难堪最是痴迷蝶，老恋繁华不放开。

画梅鹤

满树琼英人迹稀，香风吹处雪光微。石巅旧鹤呼应许，为守梅花莫远飞。

采药翁图

论将齐物物难齐，屡踏迷阳竟不迷。若讶焦先浑漫拟，乍呼许迈亦无稽。蔡家岂剩余杭酒，汉阁犹持太乙藜。药草盈腰方结带，高歌飞度阆风西。

为杨眉州题画四幅

沓嶂分千石，澄潭合众流。云霞风雪月，安稳动渔舟。

茅亭倚巍壁，水北转山南。冉冉紫藤杖，飘飘青布衫。密筱雨通溜，长萝风摆岚。时常闲自到，岂复厌峣岩。

名胜各般寂，栖游两者兼。地回包水曲，天破插山尖。泛岂频摇橹，看如乍卷帘。只扶筇竹出，莫笑老夫潜。

峡外远通流，花瓢春涧幽。盘陀苍石大，尘世不来愁。

光绪辛丑秋八月望作穿石梅花复题七律一章述意即以移赠杨逸琴携去

太湖石近古梅丛，别出新条见化工。数朵点匀霜皎洁，一株穿透月玲珑。琼琅护艳皆清气，艾蒳收香有隐衷。胜似青苍松竹柏，巉岩隐亚万年中。

山居图为杨受初作

于世何所营，水绿复山青。游曾一万里，归有十三经。泉入雪中涧，林迷云外坪。时来好事者，携酒草玄亭。

题　画

溪峻峰深古洞门，石床闲憩访真源。一声白鹤天寥廓，满树桃花开正繁。

惠泉山图为杨雨农作

湖转具区薮，溪寻天监年。蜿蜒山色里，清澈水声边。花落几重树，茶分第二泉。老僧庭院邃，为拨竹炉烟。

题画赠雨农

苍峦远且深，亦复富林木。既隔壁百寻，更沿溪千曲。可不误石桥，宁得见茅屋。望处在山巅，到时在山麓。云气与日光，真能媚幽独。有酒斟酌之，频来兴当熟。

题　画

江干即山麓，苍翠惹漪涟。潭漾风中日，林生雨后烟。半为天随子，全是地行仙。茗碗兼书卷，长年在钓船。

题　画

望望峰相接，行行嶝可攀。壁疑擘仙掌，谷似入商颜。烟水苍寒上，云林缥缈间。桃花忽旷洞，桂树亦丛山。托业渔舟静，同群鸟兽闲。幸非求药者，风为引舟还。

高士图

隐遗诵廿四，《道德》言五千。蓬户寄万古，竹林忘七贤。自馀茶室具，谁乏酒家钱。曳杖向何处，天怀常浩然。

罗浮梅花村图

蓬莱左股下泉源，云锁朱明迷洞门。四百五峰最深处，梅花缭绕别成村。

题蟹鱼鸭鸡蔬菜有引

光绪壬寅秋八月，素相往来诸君小饮于亭榕坨。余之归去来兮，策无上中下也。泛洲之橘一千株，颇堪供绢；湖屿有梅三百本，亦足卖钱；山肴野菜，只听家厨；翠罂金杓，宁须市脯？会频费省，采烈兴高。颊畅之后，杂画蟹鱼鸭鸡蔬菜等类共四纸，并题一律，即与雨农再侄携去。莫笑其口腹之奉俭，馋嚼之心存也！

食物乡邦价倍低，况兼蔬品满园畦。天生螃蟹持螯用，地出鲈鱼作脍携。进御都非甫里鸭，谈玄岂是处宗鸡。藕葱荸荠大萝卜，五侯鲭恐莫能齐。

题　画

芭蕉抽茧柳摇丝，山自临堂水入池。读罢《南华》无一语，柴门半掩听黄鹂。

画牡丹

天下无双士，人中第一家。岂非真富贵，不是假繁华。旭日分青琐，春风合绛纱。得逢全盛世，那作洛阳花？

题　画

散人与漫士，那得知时艰。天一地二外，千岩万壑间。于斯即妙道，所在皆欢颜。得共深山住，仙缘应不悭。

画墨兰与杨缉亭

收视返听，而归其根，真香乃存。玄之又玄，众妙之门。知白守黑，尚可以言。此作墨兰，与乌有先生之孙。守其昏昏，言其浑浑。

为杨典五题画四幅

楼台闪烁气氤氲，旷渺行舟钟鼓闻。第一江山悬日月，上千世界占烟云。石公东去湖声合，扬子西来树色分。难觅瓜牛庐处所，且看铁镬卧晴曛。

远水不可极，临崖秋气赊。夕阳何意思，天际速归鸦。

杳霭长峦阖，萋迷芳草蕃。溪光回密树，山气没遥村。何意入渔艇，多情倾酒樽。此中异秦世，无乃桃花源。

壁栝崖枫高接天，漫郎心迹寄云烟。浯溪深处浯亭在，留得新铭奠石巅。

画山水十二幅

苍林拥寒峡，水榭临深幽。远岭后檐匝，沧江前楹浮。高人多暇日，胜赏宜清秋。岂必掉钓艇，凭栏看戏鸥。

　　积雨有晴意，乍曒还复冥。溪流缭绕白，山木郁翻青。四栏倚将倦，孤榻卧自醒。烟中认篷伞，远沽回碧瓶。

　　且泛鱼艘去，绿沿春涨温。丛峰乱云日，深峡度朝昏。依依枫树岸，杳杳桃花源。无穷心上事，好觅白鸥言。

　　长江汇众壑，积水下前峦。泻日冬逾暖，消冰夏亦寒。自宜鸣鹤闻，不作饮牛观。云锦淙流阔，心因洒涤安。

　　高天尚深青，一半混山顶。宛转登层崖，俯视白千顷。泉飞但闻声，松耸乃见影。云消月东生，下踏招提境。

　　寻幽非避人，意恋薮泽里。蓊蔚千秋木，纡回一溪水。风含不赀清，霞送可爱紫。何当掷轻瓢，永作巢居子。

　　佳绝栖迟地，诛茅不费钱。已忘时世事，自乐古皇年。大木多清籁，闲云有夙缘。何时招胜侣，来共紫芝田。

　　随兴泛游好，留欢泊息宜。蟹肥鲈美处，枫赤柳黄时。四望暮云静，一篇《秋水》奇。昆仑勤载酒，歌啸莫停卮。

　　峰巅天下卓，壁脚地中盘。曲径纡穿树，层溪叠泻湍。僧耕负犊养，樵人遇棋观。未是苍龙险，缝书泣老韩。

　　卧佛疲津梁，散仙畏朝请。本非八九吞，岂有四三竞。大泽忘荒凉，长林恣寥迥。麓波青汇湖，涯石紫环岭。

　　风吹竹箨声，月照松梢影。草色界屋庐，化香引船艇。鹳衔何处珠，猿揉经年茗。谁能缥缈间，寻此沧洲境。[一]

　　山中诚乐尔，世外信悠然。物应神灵后，气存开辟前。古松荡白日，高石生苍烟。焉识二三子，久栖千百年。我思苗毛羽，猿鹤共云泉。

【校勘记】

　　［一］初印本、重刊本原不换行，与上首诗合在一起。这样，诗就只有十一首，与题目不符，与前九首四韵一首的格式也不符。据诗意将其分为两首。

画梅鹤

曾向华亭奋羽翰，仙山回望海漫漫。人间难作氍毹态，来与梅花伴岁寒。

湖上梅开非自怜，亦知桥底说尧年。暗香孤影真清艳，第一春风好占先。

画　梅

定与禅宗寂处同，纷华洗尽趣何穷。冰姿忘夜翻怜月，雪气成春不借风。离垢园中无假色，众香国外有真空。金樽檀板寻逋老，一字师还已问公。

画山村

欲去无人为牵挽，能来有地任徜徉。定同农圃业平等，不碍琴书声满堂。春夏秋冬树整整，东西南北山苍苍。陆沉何意遁荒野，宙合方宽岁月长。

画石榴

安石有焦榴，种传博望侯。花明犹照眼，实结满枝头。玛瑙盘初凸，麒麟绂已筹。只兹多子兆，翠看挂环楼。

画梅仙

莫讶何处来，直入默林坐。和气含鸿濛，清标脱凡琐。拱手告梅仙："是尔亦是我。肺腑雪月光，寒香可沁么？"

画山水与杨雨农

篱门丛木中，那有人题凤。三径爱蒿莱，羊仲兼求仲。主人蒙头卧，尘梦愧难重。既无玄亭奇，那料携酒奉。庶几寥廓心，有无用之用。某水与某山，渔樵相与共。

为杨雨农画扇并题二绝

岚气满空江，波光摇远岭。杨柳兼葭间，欸乃出鱼艇。
杨柳摇山隈，一桨急如推。并立野桥望，邻叟趁墟回。

虎溪三笑图

惟远陶陆，业分三教。来会东林，默契渊妙。莫逆于心，乃真同调。凤有戒言，客无耄少。不过虎溪，此即大较。忽忽逾之，破颜成笑。风涣冰融，形神各肖。万家灿然，一尘不搅。是虎非虎，亦为吼啸。

渔翁携童图

桃花晴日蓼花风，九岁孙童八十翁。渔具放时殊可放，酒坛空处莫教空。天机自发儿心慧，世事不闻叟耳聋。尽醉岂知钩曲直，久无吕望在胸中。

作陶渊明赏菊图与陈蕴斋

莫问长沙与鄱阳，久从彭泽返柴桑。东篱自泛黄花酒，万古秋风洒落香。

题　画

高峰一角苍翠浮，深溪一发清泠流。杨柳垂阴覆一屋，蒹葭成丛藏一舟。一时乘兴濯一足，一事畏闻掉白头。一尺鲈鱼亦许得，一群鸥鸟聊同游。钓竿足了一生愿，渔笠何关一世谋？行人自赏沧浪咏，不愧身无大泽裘。

画吊钟花

采自天湖壁，韫秀如枯枝。中有千蒲牢，具纽思垂垂。岂是花鼓子，亦非草铃儿。携归浸瓶罍，好待春风时。

仙人骑鹤图

仙人骑鹤来，芳洲坐兰芷。荒山二万年，弱水三千里。天游更约谁，世人无知己。中秋玩月筵，听见箫声起。

画梅花下老比丘小像

自向空门绣法华，素梅栽满梵王家。须知冬雪芬馨树，迥异春风色相花。惟办禅观趺石几，不教尘虑践金沙。藐姑仙子居原邃，忉到天人路岂暇。

光绪甲辰岁秋九月望后阅《高僧传》于亭榕垞而有感于贯休之事因绘其像仿画罗汉法题以长律

老僧年过百，常有好颜容。法腊看双树，真颜验五峰。林边慵缚虎，钵里厌降龙。倚壁曾收锡，登楼罢扣钟。寒岩山峥峥，暖谷水溶溶。雪气惟前积，曦光不下春。白云忘去住，苍石得随从。四十州原淡，三千界岂浓？翠微围缥缈，黄独苗芊茸。吴越思禅月，钱塘未易逢。

鹤立石顶图

巍耸苍峰色，敛集胎仙翼。一息云霄心，蕴蓄渺何极。兴言丁令威，那有时人识。

梅鹤图

不为解脱不缠绵[一]，质性超然更旷然。可托亦须清净地，能飞未惑蔚寥天。几生修到宁非佛，千岁归来已是仙。能有闲情和傅鼎，却无寒景溯尧年。懒窥松柏凌青汉，耻逐鹓鸾入紫烟。逸唳真香原自远，今时佳话古时传。

【校勘记】

[一]"缠绵"，重刊本作"缠锦"。

采药僧

梦尘若何，莫问头陀。行脚甚得，戒顶不摩。餐惟苓术，庇则松萝。一龙之贞，足实脏海。一铲之随，遍填爱河。且证菩提，阿耨多罗。岂戴尸走，未许腿跎。吃苦修真，具福德多。

画魁斗星君小像

载道者文，于何而起？书事者文，于何而止？俨俨神人，高巅厚趾。握卷提毫，似与吾莫逆而相视。吾常追逐八荒，不睇其蓬庐；盱衡万古，不问其姓氏，或云即太乙长庚之精。璧府奎坦之美，不以为非，亦不以为是。地轴连海，天枢悬星。六鳌柱抃，五凤庇翎。千华灿舌，万派承胫。

自开辟一画，以至十三经，爰有二十四史，暨乎百家群集，皆其继响，皆其脱形，皆其授法，皆其乞灵。吾亦由此状以丹青，祀以芳馨，如在上下左右，而不敢河汉径庭。

作美人图与何左黄有序

　　余素不曾绘美女，因杜陵《佳人》之作，感其贞静懿雅，疑当时实有其人，意颇欲明之，非湘灵洛神为仿佛也。终缀一首，即与左黄存之。

　　尘寰焉得此仙娃，幽谷佳人古所夸。不为牵萝勤倚竹，何缘采柏懒簪花。父兄原是文儒族，夫婿当非武侠家。我作画图欣省识，玉台一集漫风华。

画石滩与何节笙

　　一船阔几尺？终岁可盘桓。休问桐江意，宁援笠泽观。多情歌网罟，无事弄钩竿。十里复五里，三滩犹两滩。烟云迷大壑，风月满长峦。壁削曾相对，峰回不自单。舵声交翠碧，篙晕乱黄丹。前浦鱼梁窄，中流鸥境宽。芦州忘旧暑，枫岸却新寒。鲂鲤将沽酒，醉眠魂梦安。

作九江府图与何左黄

　　峡壁连绵紫翠浮，周遭溪树上峰头。其间备有清和气，以外略无争竞愁。几万里天疑此洞，数千年地属何洲？绕矶萝蔓兼花瓣，未碍幽人系钓舟。

画者陈冬心求画并为题诗

　　蓬莱大舟仙不还，专精至志宁知艰。转声宫商再三弄，听者谁为开心颜？无数奇树江上山，山禽山兽声回环。抚弦不弹君亦乐，钟期原在有无间。

为鹏儿作画并题诗

旷谷高峰红日舒，长林巨石碧云储。诗耽几卷谢康乐，阁效三层陶隐居。古洞龙蛇非守藏，远瀛鸾鹤岂传书。闲中又笑闲弥甚，种竹栽梅同荷锄。

为宋庚三画大幅山水

不识何朝寺，深藏岩谷间。长垣围怪木，大路入禅关。共坐千人石，将看九子山。老僧疑永远，谈笑却忘还。

为庚三作富贵耄耋图

几文钱买相猫经，辟鼠符书懒乞灵。开到牡丹歌烂漫，飞来蝴蝶舞娉婷。不求异器调鹦鹉，久得同床食鲈鲭。富贵又须夸耄耋，物情人意见真形。

重瓣楼台非自奉，牡丹国界谁与共。褥猫嬉戏体安尊，裙蝶翩翩心耸动。短却悠悠裴谓言，圆将栩栩庄周梦。既能富贵能耄耋，始信化工工眩弄。

酒间与庚三剧谈为画四小幅并题诗

尽日寻幽胜，归来每夕阳。不徒临水蘸，亦复上山梁。卅六溪分白，万千峰合苍。萧萧老桑树，风叶扑衣裳。

但得山中去，终教世虑空[一]。红泉碧落洞，白石翠微峰。荡漾桃花瓣，连卷桂树丛。精庐诚不远，半路已闻钟。

纶竿消岁序，汀浦长生涯。水气蒙高石，山容霭远沙。醉留笠泽月，歌放武陵霞。不解磻溪上，闲谈姜子牙。

阮籍难青眼，冯唐易白头[二]。谁将鲦鳏穴，自比凤麟洲？琴羡水仙学，壁怜山鬼投。村原在缥缈，相引一遨游。

【校勘记】

[一]"终教"，初印本改"绛教"为"终教"，重刊本仍作"绛教"。

[二]"冯唐"，重刊本作"凭（憑）唐"。

庚三求作鹤立石顶图为题一诗问其解否无以应也相与大笑而罢[一]

仰首高鸣动日轮，脚跟海石立峋嶙。方圆久已空霄界，迢递何曾记劫尘。喙嗉之间宁有物，睫毛之外更无人。漫言乞取葫芦血，丹顶玄裳几万春。

【校勘记】

[一]"求作"，重刊本改为"求画"。

附:《擎雷老人拄杖图》零句感旧四首

当年鲁殿岿灵光，老气犹胜万丈芒。绛县泥涂忘甲子，景山松柏耐风霜。岁星出世贪游戏，蝙蝠成精托渺茫。天予奇才占闲福，及身不令见沧桑。

鼓鼙无端动地来，先生早已赴泉台。神仙不受恒河劫，风雅同悲旷代才。罳耕庐中人阒寂，亭榕坛畔月徘徊。扶轮大手千秋事，承盖何人颇费猜。

呼俦啸侣萃人豪，白发皋比老部曹。尽有青衿陪绛帐，岂无麟角映牛毛？时贤凋谢征衰运，世事陵夷变几遭。剩得招魂痴宋玉，满腔幽怨学《离骚》。

犹记程门立雪时，轩渠谈笑捻吟髭。林泉意味开樽渥，花鸟精神入画奇。往事重提如说梦，残章未补不成诗。仍须大索厨中物，毕竟偷儿是阿谁？

　　光绪间，颐师为鑫作《擎雷老人拄杖图》，系以七律，挂在家壁。丙辰冬，被逮下狱，此图遂没于他人手。今仅忆其所题颈腹二联云："名山老我头空白，尘海教人眼尚青。学到神仙宁局踏，愿扶侪辈莫凋零。"居常三复，不置其首尾，则百思无能记矣。今春避兵题桥乡，涉夏徂秋，暇间追维旧事，抚念时事，沧桑今昔，不可为怀。适在编校《海客诗文杂存》，思欲足成首尾，登录其中，而以狗尾续貂，于心未惬，然终不忍此诗与图俱杳也。四顾踌躇[一]，百感交集，遂成四首，并为志其原委，附师卷末，以存零句云。

　　戊午八月中秋后五日，受业宋鑫谨识。

【校勘记】

[一]"四顾"，初印本改"四顿"为"四顾"，重刊本仍作"四顿"。

第五卷 杂文

拟柳子厚《乞巧文》

　　河东柳子，大拙难医。有倔强骨，无妩媚姿。公真名淡，叔合呼痴。放居寂寞，散步犹夷。送穷何术，感遇何时？横弄笔墨，缅错矩规。乍离蜗堵，旋登凤池。一跌不返，九死胡辞！自怜蠢蠢，难对嗤嗤。惟拙之故，返而自知。恭闻天孙，渡河有役。一水迢迢，双星脉脉。履填鹊桥，闲支机石。云锦披芳，霞缠佩赤。银汉弥明，瑶天自碧。妾梦阑珊，郎颜咫尺。日可千年，会宜七夕。恭闻天孙，巧超人世。为章于天，垂爱于帝。星宿襟期，神仙聪丽。月魄盈胸，冰容在睇。婺女联裾，姮娥捧袂。操手都精，置思无滞。既得馀闲，又殚妙虑。为拔凡根，肯安慧蒂？谁家绣阁，几处粉楼[一]？静院将夜，深宫识秋。南邦名媛，东阁清流。邹阳枚乘，毛施孟陬。藻思艳想，小舞微讴。庭陈瓜果，案置鱿筹。香罗扇小，细绔衣柔。玉环响袖，珠帘上钩。带随风卷，灯若星稠。闪萤远至，鸣螀乍休。似有密语，与天孙谋："击盘射覆，诗牌亦搜。银针在手，彩线凝眸。巧谁乞得？谈话优游。此皆游戏，余亦何求！"

　　柳子再拜，大笑而言："一生阅历，谨告天孙。仆当稚岁，霞举轩轩。地多胜侣，家是名门。自谓卓荦，笑驹在辕。独探渊奥，敢抉篱藩？学警虎观，气夺兔园。贾晁并坐，屈宋齐奔。贯穿经史，考据根源。《国语》可议，封建可论。为文精悍，欲息烦喧。警其长老，厌倒众尊。崭然头角，云梦可吞。王公争识，跌宕乾坤。人疑天上，智珠永存。气雄一代，谁谓愚昏？勇于为人，自投罗网。比匿囚累，牵连朋党。万里投荒，众仙拍掌。蛮路崎岖，侗丁愚莽。桂岭虽遥，柳山姑奖。潇水闲居，钻丘独往。山魅逢迎，瘴烟供养。《八记》徒工，一书难上。苦逐鞭麾，浪称刺史。拜跪才疏，抚循政鄙。乃复幽忧，日虞谗毁。壮志渐灰，惭颜常泚。远想墓庐，长辞乡里。头蓬碍冠，足垢沾履。寝不衾褥，食忘篚筐。发白齿摇，涕垂心死。恋阙怀恩，中宵数起。儿尽蛮音，妻同獠氏。梦不离乡，痛将入髓。胸蹊已茅，心花莫蕊。我生不辰，自苦乃尔。能非至拙，是谓极愚。胸多块垒，腹尽荒芜。故动得咎，行而无徒。惟卿齐圣，别具鸿炉。凿其钝窍，提耳而呼。炼骨使媚，涂颜使愉。揉性使顺，鞭心使苏。誓不强项，无复守株。文章今样，绳墨时趋。惟此至巧，庶汇所娱。不敢多乞，顾获锱铢。"

天孙曰："否。尔胡为然？凡百生民，罔不在天。或顽或哲，或丑或妍。夭或殇子，寿或彭篯。富贵或昧，侧陋或贤。造物有柄，大巧无权。惟兹尘海，杂爱与怜。讥誉失实，各执其偏。铅刀雪皎，镆铘弃捐。绣裳无色，抱布却鲜。巧者若鬼，拙者如仙。人皆谓余，为巧婵娟。如何万载，尚欠聘钱？钗钏劳瘁[二]，机杼缠绵。文丝触断，绣履磨穿。七襄安在？独织长年。郎居渚上，妾望洲边。白榆滴露，丹桂生烟。星房谁偶？斗室孤眠。云多惨淡，月少团圆。废朝何碍？儿女情牵。乃遭巨谪，虚奏鸾弦。尔亦何慕，惟巧求焉？生此世间，胡不遐思。折由于才，累生于嗜。鼠以技穷，猩因血醉。劲木缺钢，长途困骥。笼鸟多文，盆花多媚。返璞归真，居然深邃。俯仰依阿，祸患将至。愤言自舒，胡思往事？董屈伯喈，一败涂地。季长客梁，永招物议。尔不自尊，乃含钩饵。黔驴谁讥，越犬谁刺[三]？混迹风尘，巧为凶器。失巧胡伤，得巧宜避。嗟嗟柳子，勉哉劫毖！"

柳子曰："吁！惟余不勉。凤不离罗，厥惟远引。闻天孙言，心如结轸。缅彼佳人，难执其靷。辱在泥涂，仙固不忍。"徒倚长吟，幻形息蜃。北斗犹横，弯蟾垂尽。零露生凉，蛩吟渐紧。林雨潇疏，高眠未稳。

【校勘记】

[一]"粧楼"，疑为"妆楼"之误。

［二］"钗钏"，初印本作"釵釧"。据重刊本改。

［三］"剌"，疑为"刺"之误。

拟潘岳《秋兴赋》以于时秋也，故以名篇为韵

维岁序之变迁兮，感庶物之荣枯。春事既莽莽以易迈兮，秋又瑟瑟以相驱。拔尘缨以自泄兮，大化逝而无娱。余既拙而难藏其用兮，久鞅掌于当途。发斑白了无善状兮，感一叶于井梧。联翩既不同乎鸿路兮，曳尾又致愧乎龟涂三罢。一不拜官余无憾兮，固不能忘惟孝友。于雁凌霄而南渡兮，忽凄声之在斯。吁衡阳而失序兮，谁使旅出而群羁？曷北牖伏此蟋蟀鸣兮，纷嘲哳而如丝！凉飔漾而漏永兮，怨夜织之蛾眉。惟月影孤以无赖兮，独来照乎绣帷。木胡愁而陨叶兮，水奚恨而添漪？念乡园之迢递兮，忆篱菊之纷披。羌余嘉其晚节兮，又惜违乎盛时。盍御轻辔以远引兮，振高策以离尤？瞧仕知不可滥竽兮，戒文绣于牺牛。黄门高而难处兮，白下静而堪游。望北堂于北阙兮，种萱草以忘忧。美人既不伤乎迟慕兮，余又何独悲乎凛秋！

惟叙故园之乐事兮，高情伙而堪写逍遥。披庄叟之衣兮，少游有欵假之马。何背城而面郭兮，堪投林而入社。山岚巢于屋角兮，水潆纡于堂下。卉木郁其参差兮，烟霞蒸而多寡。受广淡而归来兮，求羊邻而谁舍。余诚犹未愧乎前型兮，初服犹可返也。夫惟人世之多难兮，虞才多以困步。断修尾于雄鸡兮，拔纯毫于狡兔。黄鹄飞万里无所归兮，荆璞刖三君而犹锢。硕人以蟒首而不答兮，湘累以兰芳而逢怒。况无德而取荣兮，圣人弃而不慕。惟皇晋之皞熙兮，乘三神以锡祉。皋益拜手而赓扬兮，固非鲰生所敢附。愿投宽间以自静兮，觅巢居而结树。诚多藏之厚亡兮，返一日之无故。

宾友聚而情深兮，妻孥合而意美。朝吹棣萼之埙篪兮，暮进兰陔之修醴。话桑麻于农家兮，伴琴樽于时子[一]。泳翰墨之灵源兮，逐典坟之暇轨。垂纶藻沼以观鱼兮，设罴麦场而射雉。寄华襟于曲水，茂林怀佳人兮；飞鸿沉鲤山，木大瓠之用无亏兮，谁知余之所以？

若夫尊江皋而解佩兮，过沧浪而濯缨。虚飘飘于鹤梦兮，活泼泼于鸥盟。芦滩兮雪白，蓼岸兮霞明。莲房兮露冷，菰米兮波轻。烟瘁白门之柳兮，霜饱洞庭之橙。岜岑石露而愈瘦兮，长潭潦定而弥清。登楼以远望兮，隔极浦以闲行。思莼鲈而欲返兮，掩瑶瑟而不鸣。彼夫心既警于秋风而兴叹兮，又何暇恋乎浮名？乱曰：

兼葭秋水浮长天兮，曰归曰归泛舻船兮。灵修难别美婵娟兮，秋江寂寞鱼龙眠兮。琼瑶谁遗木兰擎兮，浏览元化意绵绵兮，感时抚事吟兹篇兮。

【校勘记】

[一]"伴琴樽"，重刊本作"半琴樽"。

伤情赋

迢迢长夜，耿耿孤灯。春消似水，梦远如年。乃呼古人于青史，起蛾眉于九京。极风云之变态，穷花鸟之精神。亦既银河路断，金屋尘生。蕙帷消歇，荆棘纵横。千龄万岁，何以为情？

尔乃垓下英雄，兵亡失路。起饮帐中，悲歌泪注。红颜血飞，乌骓力仆。百战行云，一朝萎露。雄心已灰，锦衣何慕？万里中原，掉头不顾。嗟咫尺之江东，更何心而返渡？

若乃茂陵天子，倾国无归。珠帘月闭，甲帐烟飞。宸情不乐，玉貌难窥。招神工于海上，写华容于穗帷。惊心凝睇，私语低迷。是耶非耶，偏何珊珊其来迟？

别有陈宫玉树，一曲未终。将军跃马，霹雳从空。璧月碎影，珠花漂红。共君王兮并命，矢同穴兮井中。恨古井之无波，惨归路之匪同。望临春与结绮，空泪洒于西风。

至如三郎失国，割爱马嵬。棠梨一树，剑阁千堆。淋铃泣雨，罗袜生埃。送馀年于南内，歌旧曲而增哀。仙山何处，魂梦不来。金钗已折[一]，钿盒休开。天长地久，此恨难埋。

然当其盛也，莫不殚力疲精，穷奢极侈。台树鼓钟，山川罗绮。照耀烟霞，芬芳兰芷。以鸟鸣春，如鱼得水。为乐无忧，长生不死。叹古今之须臾，渺天地于一指。岂知黄粱未熟，劫灰已扬。河山飘絮，金粉飞霜。触凝脂兮宝刀，碎膏艳血兮黄土。香雉朝飞兮影已灭，乌夜啼兮怨何长！

自古皆有死，谁能舍此罗帷黼帐，而长依于蔓草衰杨？噫嘻！祸福循环，悲欢易帜。见睍雪消，履霜冰至。夔蚿奚必相怜，蕉鹿无非为戏。如使曦辔，可羁璘函。不缺并蒂，长看同心永结。则昔人之至乐，已独占千秋。何以精卫尚填碧海之波，望帝啼遍春山之血哉？

【校勘记】

〔一〕"金钗"，初印本作"金钗"，据重刊本改。

答杨槐庭先生书

季秋接读教言，吹嘘温愍，缇室倏以生春。试拂光辉，旛堂因之却夜。欣幸之私，距跃三百；知遇之感，酾酌十千。适家丽秋，太史耳噏；虚声双鱼，屡招唇衡。倍价五雀，将均重茧。拾涂敝衣，叩户梁栭，撞钟惟图响远。芝兰入室，未惹香多。来往兼旬，迟回百里。致疏裁答，有觍恭敬。今夫蒲牢颙颔，鲸击而发其轰铿；桑蠋蟗螬，螗祝而成其翔翥，言人赖附贤先达也。鹪鹩倦飞，弗剪鸿鹄之六翮；骅骝驰御，差睹驵驽之四蹄，言人贵援哲后生也。至若江学移床，祢衡灭刺[一]，于菀啸而无巽林之风，阳燧悬而少旸谷之日。无已则亦美不彰，盛不传也。

先生离峤师儒，坎邦文献，捃藻天庭，窥源宿海。知一木之难支，恐余波之将及。挂冠桃县，闲已逾鸥。返棹榕乡，清何碍鹤。说绛帐而横经，慵聆女乐。舁蓝舆而选胜，喜使门生。松竹萧然，宅迎山色。粳稻秀矣，田咽水声。况英雄作传，王仲宣煞是快人。耒耜成径，陆天随居然农叟。不可谓之几通，先醒传慕中行哉！

森讥兼痴黠，笑有瘦狂。鸡肋何足以奉拳，虎头岂飞而食肉。雁门行乞，哀必曼声；雏鷭寄居，问惟长柄。舞马以畏鞭而愈整，仁貂以怜寒而见擒。相字不成乎镜影，蔚文谁瞰乎管斑。乃先生读《雁门太守》之篇，不遑束带降鹿。洞皋皮之座，竟然而分。庭禄二千不如缝，披道三五乃属布衣。后堂密宴，无人不识。戴宗下榻，清谈有客。独逢徐稚，獿人知运斤之智。孙阳知鸣坂之凄，何时可忘也？

前颂雁扎，兼缀鸾歌。勖以功名，夸其著述。伯牙证指，或符递钟。薛烛扬眸，疑为巨阙。然泛瑶艘，珠楫不如苇杭。弄尘饭土，羹空存藿食。佩石能诗，恒冲市秽；悬金买赋，不合宫妆。亦知秋士春女，徒抱孤衷。牛鬼蛇神，久骇众视。器非瑚琏，质愧庙堂矣！

森闻：建白滇时[二]，遭逢在德。覆鼎颠趾，终惭大烹。剥床及肤，滇留硕果[二]。铭庸少室，驰誉祈连。珥毫画日，搢笏书云。此亦丈夫之盛事、人生之壮怀也，岂兹薄而不图欤？特以日月冥冥于麟斗，风霜惨惨于蛇飞。应龙溢四海而成涛，相柳食九山而为壑。呼阍则虎豹当关，观险则乌鸢啄屋。吓多腐鼠，号是寒虫。终鲜兄弟，绝无期功。兔丝燕麦，萱堂何以娱亲？蝉腹龟肠，轵里尤兼悲姊。是即南越长缨，西秦短褐，不胜其北门之忧、东郭之虑耳！

善哉，古人之言也！三公不易一日之介，万卷可敌百城之封。森惟愿粗营生理，苟避锋端。获田拾穗，有地诛茅。毋破颜于捧檄，忘见肘于披襟。还襁褓之笑啼，长翩莱彩，作团圆之说话。闲伴婆砧，上窥典坟丘索之庭，下览甲乙丙丁之库。《梁父吟》高，莫易受恩丁赤帝；《洛生咏》好，便为同乐于苍生。复订奇文于杨子，挹雅量于黄生。琥珀翻杯，鹿卢试剑。装花媚月，咒竹留风。又何暇画混沌之一眉，斗触蛮之两角，运砖块而塞尾闾，竖僬侥而冠华岳哉？

遵尼父之名言，怀漆雕之未信。污笺一什，洒墨数行，非以称工，祇求鸣拙。蓼虫食苦，应识此心。桐凤名么，不残其彩。于昔郡城虫夏，杯屡浮霞；方今海澨严冬，舟难掉雪。庞通学浅，乃赓陶令新编；韦绚闲居，尚忆张公嘉咏。采苹远赠，看菊徐行，衣映绿苔，履埋黄叶，是知神逐宗工，宵依北斗。亦冀气通肥遁，晨望南山。

【校勘记】

［一］"灭剌"，疑为"灭刺"之误。

［二］"滇时"、"滇留"，疑为"须时"、"须留"之误。

哭书序

余谬执一经为手板，欲撑万事于脊梁。幼既好弄，长乃益穷。马齿频添，虎皮冒饰已廿六年矣。昔有雄师，今多劲者。引镜而逊城北徐公，学步而失寿陵馀子。每当酒酣剑闪，笔舞笺长，风雨暮色，霜月秋声，辄抚帷濡袂，傍袖沾巾。抑古伤心人，别有怀抱。彼不知我者，引为笑言。

嗟乎！学可愈愚，果集架头之蠹；书能医俗，谁笼窗下之鸡？虽智者不设谈锋，慧者不夸故纸，而不见书如良友，已见书如故人。固已菁华可喜，糟粕难噍。况性本饕餮，生而隐约，缥帙缃囊，凤鲜先人。镇库金缄，石室焉寻？史氏藏山，体怯华虫，心多醉象，案致萤囚，灯忘蛾溺。此所以怀光漆室，抱叹断航也。

年来颇事搜罗，无辞劳瘁，或借以一痴，或挽回五厄。海船载至，舍东坡竹叶之杯；药市挑来，取班椽葫卢之本[一]。师陈编于柱下，逢载简于关中，即不敢妄下雌黄，亦足姿行渔猎。咿噫哉，作六经之奴婢，岂叔同袍？为万卷之主人，不惭大布。饮八斗而反楚骚，摘千金而增《吕览》。天禄则藜然太乙，会稽则函进龙威。固足富敌土茅，焰争曦日矣。

乃胸无记事之珠，肠远籀文之石。泳跋鳖于沧溟，不胜骇浪；翔鶅鷾于碧汉，岂耐罡风。心惊充栋汗牛，睫泚溃题啮鼠。抱历朝之愤，梦寐亦为不安；妒前哲之能，古人若无所置。复讶蹲鸥为恶鸟，宝鼠璞为琼瑶。羊辛豕亥，眯目因讹。周诰商盘，聱牙称愈。无聪明返诸造物，有浮躁讥于通人。得毋凿混沌之窍，七日而殇；掘中山之骸，三年未醒乎？

若夫磨盾鼻，则驱策乎金版玉箱；侍螭头，则挥洒乎朱宣黄序。长庚歌捷，变雅词芳，曼倩牍用，三千公达，书胜十万。才雄董贾隐居，作七序之篇；藻轶班扬随驾，上四巡之颂；《清平》月露，青莲调迈妃猇；沙漠风烟，庶子音传《敕勒》。此皆珠握灵蛇，翼张大鹜，庚祭有灵，丁年不负矣！

至若蜿娩吴娃，妖娆燕姞，字丽桃红，名疑萼绿，镜台窥罢，蛴领瑟轸，扭蹙娥眉。亦左芬茗赋，为范深宫；蔡琰胡笳，振奇绝塞。济南之弱息，尚与传经；扶风之姬人，不妨续史。格有簪花，授王临川之书法；才能咏絮，识尹吉甫之诗心。彼是女流，吾非男子，又至青豆枯禅，赤松静侣。穷大衍则探象系，造参同则玄并莹。摛惠远邀名流于莲社，惟演友奇士于蓉城。黄公与圯上之阴符，鸿客上军中之硕画。西方撰记而还，《石鼎》联吟不竭。凡若此类，亦富斯文。余也何辜，曾无一得？

且夫蕲至古人，昌黎所以振六代衰也；遍游天下，龙门所以成一家言也。听翰林言论，睹大尉丰采，颍滨所以自壮也；生执政家，发皇史戒，升庵所以默幸也。今以菲质，误坠暇荒，蟹少甘螯，鸥皆瘴翼，口腹尚累。猪肝生涯，耻穿犊鼻。闻海水横激，则兴河伯望洋之悲；见岛霞东升，则结祝融浴日之感。虬旗耿汉，夜在屋端。蛾射窥涂，日临沙角。蛋雨蛮烟，徒添其疾疢；蚁封蠡酌，难发其性情。虽茂先输以幽笈，扁鹊换以灵心，亦何以济哉？

嗟乎！《二京》壮彩，不敌《四愁》；五色文毫，只留一恨。不知三箧，岂堪奏对于汉廷？歉甚五车，未敢遨游于濠濊。睢涣何方，请濯文章之水；罗浮共域，将登锦绣之峰。然墨本磨人，笔谁与我？唐瞿阮籍[二]，终是狂人。鲁璧秦灰，如逢劫运。言言哽咽，涕与蟬红；事事惊虞，隙过驹白。敢谓万年载籍，闻唤连应；愿与千古才人，同声一哭。

【校勘记】

[一]"胡卢（蘆）"，疑为"胡芦（蘆）"之误。

[二]"唐瞿"，疑为"唐衢"之误。

《谢攀卿集》序

徐闻之为郡，于粤为最古。其为邑，于粤为最僻。于最僻之地，而欲积学凌跨时代，难矣！吾遂人又分徐郡而邑者，其独不难乎？故翘翘器器郁也，睨睨沁沁馁也。既不得厚于地钦，当冀得厚于天也，卓荦愤发，亦间有之矣。咻之者众，亦终无成，是天气不能胜地气，虚怀其美而无大力以辟易凡琐也。其时俗所趋，以为学又何足称耶？

吾与攀卿交七八年矣。初而奇余，贻以言曰："向道复古，奇者事也。然则好奇而知向道复古，固也，其至与未至，又视其程也。"渐读其文，识其中有以自壮，不苟薪乎常，益喜与谈。其间，离合无定，当杯酒相接，耳热啸歌赠答，众人亦罔闻。

今上之元年，衰其所为诗古文成集，谓余曰："吾偏心所专，其学不知有得与否也。顾夙习，则有人，不能不以此为名。爱惜无繇自已，名有宾主，而喜于见末，诚痴矣！犹无解恋焉。故将老槁而穷，彼承教命舍真，朕以取显荣。戚党乡里，企足仰首，不可揣度。须眉若神，天不畀我。吾性无得而受，吾窃厌乎？连抃迂疏，而犹与吾角修短也。然尝读古人之书，而歔欷岁月矣。古今得失治乱，驰骤于胸怀，不知其陋矣。峙流动植，纷如何者？是物而错乱颠倒，胡知其是遇是道？故于散漫无稽之文与诗，抉吾性得受者。夫美服者，身累也；美文者，心累也。去文心将不彰乎，无名文将不永乎？象以瘗牙劳巡护，蚕以作茧自缠缚。吾将以好文而不得文之用，又无以适。将以无适者累吾子，其弁之首，以成吾痴乎？"

余曰："积学之难如是，隐以伤耶？是子能道余也。置余于子之腹中而出诸吻，又使余于吻外而道子，则未至于忘哉！故无以适也，奚以弁为其弁之矣？不然，求笄于髡，更当不适。遂书还其册，徐人遂人，有喜观亦与之观，但曰：'难也。'可矣。其有不难者，谁甘以孤雏腐鼠自弃，而以已例人乎[一]？"

同治元年首夏，陈乔森序。

【校勘记】

[一]"以已例人"，疑为"以己例人"之误。

《温良陈村族谱》序

雷州遂溪温良乡陈姓聚族而居，即陈村族也。族大而宜有谱书，然自宋递元明，衍于我清，历年七百载，算世廿五代，分乡而徙居，几三十所。在其时甚辽，其人甚繁，其地甚广。欲合而归其本根，分而循其枝干，使祖武之绳，孙谋之诒，纤析无忒爽。谱牒继前，再订再编，增所未尝录，补所不可湮，务臻完善，非易事焉！

今宗人后万世丈，修辑陈村族谱，萃全族心力而成其夙志。以族子子经，读书有旷世才识，使校雠精密，授余视何若。余得阅之，叹其用心深远。不惜劳勚，不涉虚浮，开先德之延长，敦族而法乡，可久可常，克大克昌。是其一世祖挺峻、七世祖世贤、八世祖奋扬、十八世祖文峰暨诸祖，皆有经济文章，皆可骏奔，趋跄质于庙堂也。

固盘绵瓞之际，致馨香也。揭裘从领，提网以纲，示子子孙孙，永不忘也。非其族之贤，父兄世世有佳作，子弟世世有述乎？猗欤后万，既归厚而兴仁矣，子经勉乎哉！

当知人望为郡望，故国有世臣，而率族敬其所敬，亲其所亲，不至视同族如路人。范氏之田庄，非必尊宰执禄；苏氏之亭谱，非必卑布衣身。古陈氏，亦望著于寰中，而温良将与颍川江都比隆。

重修三十六江楼记

原夫奇峰四百，绕仙人之洞天；弱水三千，界海山之宫阙。四渎系其襟带，八荒列于庭除者，无论矣。别有囊今橐古之才，发范水模山之趣，丰采已殊俗吏，天人原号通儒。必其淳渟百家，源流六艺，冠裳偶值艮坎，因以丽基杖履，所游烟云倏而焕晌。矧乎分天子一半之旌旗，统方州七十之袴帕。图书坐拥凤是，琅环化人荣戟。遥临适驻，朱门仙域。单寒拔士，寿考作人，起重云之舍居。然杰阁临江，拓古斋之邸，加以丹楼碍日，而乃昔人已往，后哲未来。兵戈蹂躏，扶杜阴凋，烽燧连绵，甘棠树剪，鞫为茂草，幻若空花。感李格非《名园记》，可不挽天下之争？读杜少陵《曲流诗》，可不复千门之壮哉！

三十六江楼之名实旧矣。二禹三峡束其潴[一]，扶胥群舸越其汇。五岭输流，演波澜于槛外；重离继照，收文明于座中。盖当其盛也，沅芸台相国，以大吏越境之行。庐作文人，开襟之胜地。宣房平临，瓠子亦何足以豪；铜雀俯视，漳渠实卑无足道。赤墀青琐，陋曲阳之居；月观风亭，有广陵之集。文字得江山之助，绿浦丹峰，篇章成台阁之观；绮鱼藻井，而复束帛戈戈。下递于龙潜凤逸，衣裳楚楚；上发夫剑气，珠光高缫。审正图籍于代京，藏书殆遍。惠蔚参定，典文于秘省。博士偏多，毫间陆海。潘江书之手腕，欲脱纸上。楚艳汉侈，诵者口吻皆香。桃李成荫，登三雍而振佩；芝兰通气，继二雅而峨冠。诚一代龙门、千秋虎观也，岂不伟欤？

今夫华落者，物理之符也；盛衰者，世运之异也。顷者，黄鹄已登上公，君实难留生佛。畏神食德，未及百年；带甲操戈，已盈两界。魑魅魍魉，则绕鼎千形；虎豹象犀，竖旗万尾。铜马遍野，非复翠竹黄花；锦帆沼江，难问落霞孤鹜。雕轸画舫，与祸水而同沉；舞榭歌台，随劫灰而俱炉。苍鹅能翔天，梦梦乃不悔乱；朱鹭岂奏地，抟抟而谁安居？遂使吟席散于风尘，讲筵委于荆棘。焦题赭栋，空留一品之堂；败瓦颓垣，重过二黉之宅。昔年白发门生，凋零殆尽；今日青衿子弟，离散无踪。凭吊苍茫，何堪回首？

嗟夫，灵光无神物之护，岿然竟颓；稷下无先生之居，游者安仰？将见地灵已竭，天章不舒也。物极必反，天已周星，日昃再中。人非遁木，缅怀环构，宜设金铺。且临春结绮，所以侈粉黛而征声哥者，委诸游萤咽蟀可也。迎仙延和，所以毒金丹而淫方技者，吊以牧唱樵歌宜也。若夫鹤汀凫渚，韦布不得览其幽，勿筑士林之馆。桂牖松扃，刍狗不能与其胜，旋开文选之楼。学符麟趾，池起凤毛，岂可听其窜鼯狌而飞蚔蚱欤？

则有薇垣，名彦蕙苗。骚人重仍旧址，独秉宏规，运以月斧云斤，俪以阆天壶海。户含北岭，轩抗南峰，丹流镜波，倒霞锦涨，龙云逞势。琅琊司马之书，金碧腾光。小李将军之画，二十四桥之美人，明月依然。西子风流，四百八寺之碎雨零烟，未失南朝雅韵。绿野华堂，裴白永传其两美；平泉别墅，李刘应念夫三生。

若合符节，见来者接迹以兴，既勤垣墉，与古人相视而笑。小子重茧受书，结缨慕学，曾闻讲德之绪论，未睹汉家之威仪。平原不复相士，甘为海岛顽仙；晏子东向执鞭，尚慕侯门残客。情如河伯，望汪洋而愁叹；迹逐海童，随风雨而来去。淇水清涟，竹林咏德，邺园旷渺，兰路登筵。试看桃树千枝，洒海州河汤之红雨；便羡杨枝一带，拖盘门闾阖之绿烟。登岘首而感羊公者有泪，过淮阴而拜漂母者何心？古今不乏爱才人，将以赓歌《青玉案》；平生未为襦襸客，不妨酹酒黄金台。请竭驽才，以编鸿举。铭曰：

鸾阁崇起，文禽栉比。虹户不毁，时腾角鲤。巍巍楼居，增华于屺。牛耳龙头，坛坫名士。秋横牙管，春在玉缸。澜风护阸，星斗入窗。楼居永固，无负三十六江焉！

【校勘记】

[一]"束"，重刊本作"束"。

冕耜庐记

光绪乙亥，卜居于郡城东闉外。是为三阳安宅，正临万顷腴田，长渠前缭，旁有乡村；峻堞后屏，下无市肆。俗原浑朴，桃园岂入深山；地绝尘嚣，芏屿何寻远海？三百之困，将资稼穑；十千之耦，可话桑麻。经度七秋，循至辛巳[一]，复作庐于所居北隅亭榕垞上，代茅加瓦，依树起墙，二牖承荣，一室当奥，为楮毫而横案，因莽曲而设橱。篿展两三弓，场量八九尺，作则置犁耙饭牛犊，息则挹风月揽烟霞。蒙业可以安，会心不在远，恒农讵见异而迁？

当境愿合同而化，申屠蟠藏身，非待杂佣保；仲长统乐志，无羡游帝王。荷莜丈人，愍四体不勤五谷不分，所学何事？击壤父老，述凿井而饮耕田而食，其歌有怀。况乎粳稻秀矣，竹柏翳然，远岫青迎；新泉白骤，沟池淳澄；留月堆阜，蔚荟养云；古干成构，艾蒳近天；奇礌为床，莓苔衬地。黄犬如麙，窜迹丛簿；白鹅似鹄，振响漪流。鳞介羽毛之族，皆含善机；花果蔬药之伦，各逞生意。

妇馌乃喜，椎髻儿匃，微笑蓬头，而且薝蔔佛葩，灵鹫爪边，净土菖蒲。仙草巨鳌，顶上玄沙阴之渐空；五蕴芭蕉，无身服之顿增。双明枸杞宜目，五柳培栽；漉酒之巾更饶，高韵双桐。频洗焚香之几，自见幽光。竹根如意，指鹤偕行，松叶养和；观鱼并坐，梵藏道书，时复翻览。散人佚士，倏然降临，不泛渊微，总为欹曲。亲爱者瞻望檐楹，拟以营巢营窟；践行塍陌，祝乎满篝满车。毋患吾力田不逢年，惟叹吾归耕，诚得所也。

东皋农陈桥森自记。

【校勘记】

［一］"辛巳"，初印本作"辛已"，据重刊本改。

遂溪县印金宾兴祠碑记

郡城东北阇，土隆起如巨峦，与隔隍迤障接临，半坦迤林，木森蔚翼，雉堞如阿抱，面匝通街，背负东洋万顷田。遂溪筑印金宾兴祠于其上，宏敞高大，不为眩丽。中堂列龛，祀乡先生、府县官，及捐资有功其事者。其后惠贤阁，祀奎宿。下厅司事居之，余屋为注册主，保应试者公所。

国家设学，待文武科所取士，重且厚嘉惠，士备有典章。二百年来，直省府县，乡俗感动兴起，推其意而致重且厚者，于士盖益加，详如家人父兄，为其子弟谋师席、束脩科场资务，俾其无支拙踽之忧，获专意进取。岂云好行其德，亦自爱育士，有加无已耳！

督学使者，临郡府县取文武士。榜发后，例由校官书名，始列庠籍。向有执赘钤印，斗役之费，日久弊滋，士多以此受困累。广肇先达，乃有捐送印金之议。补廪出贡以类，暨阖省便之，爰次第举行，院司学政，循守不替。吾遂邑印金宾兴祠，各绅耆劝捐，人心欢跃，不半载赀集。经始于光绪庚辰，至辛巳讫工[一]。太守与令，至祠行礼，歌舞张宴落成。诸豫祀者，其乡里宗族，喜抃光荣，额手称庆。

此后，学师顺其养，而安其尊，而修其教。庠士去其累，而专其事，而抒其学。师弟相见，崇以礼而不言贿，廉耻之道可兴而无所丧。学校初登，育以德而不患贫。科名之途，可乐而无所苦。为之士者宜自居，何等始足以答赈耶？吾蕲有名儒高才出其间矣！

其次，必科甲鼎盛乎？邑人士勉之：使祠之钟毓灵秀，培风嘘云，与邑人士之盛际相为无穷也！

【校勘记】

[一]"辛巳"，初印本作"辛已"，据重刊本改。

募修郡城内玉莲庵疏

经言："一切善女人，能发阿耨多罗三藐三菩提，心皆可得波罗蜜多，则优婆夷优婆塞于忉利天兜率天，皆其果也。"擎雷郡城南，有玉莲庵者，云门之谛，雪窦之传，不必比阿丽蓝，亦将拟耆阇崛。是有叶鸾得度，花鹿修行。

某法师住持久矣，而忽毁于风。十八姨岂妒前身香国，三千界正失中路。化城老子，西变浮屠，未忘鼠壤。陈王东聆，梵奏或至。鱼山当广，仙缘讵惊？魔劫百笏，铺金庶以闻于长者；满田种玉，宁止报乎善人？斗草宫姝，维摩诘之须非剪；散花天女，大迦叶之身莫沾。功德多滇弥[一]，名声盈赡部。

【校勘记】

[一]"滇弥"，疑为"须弥"之误。

吴回溪先生家传[一]

回溪先生，姓吴氏，讳懋清，字澄观，高州吴川人也。世居水潭乡，以避海氛，奉母迁茂名之赤岭横塘乡，其郡人谓之横塘先生。父讳光礼，有隐德，事载邑乘。先生年十二能颂《十三经》。稍长，益肆力于笺注义疏，汉唐以来作者，皆搜剔纂录，以为生古人后，读书始得如是。三十四中副榜，越三年，中式举人。辛未会试不第，馆京师。于时，连平颜公伯涛、海康陈公昌齐、定安张公岳崧，与邑人林公召棠，皆推重之，名藉都下。

先生容质朴伟，其学巨储而约举，喜深湛之思。其文抉经源道，汇于古人之法。其沛乎独得，则又置身今人之上而不苟随，故卒无所遇。癸未再报罢，遂浩然归，著书自娱。既林公召棠亦告养归，以女妻其子士彬，盖始终尊其德也。所居重峦窈壑，荟蔚数里。而长子方翱，号聪明强记，日艺花竹，检图书，沦茗侍有以自乐。故暮年虽病目，精思不衰。其教人以敦行为本，稽古为先，言动必遵绳墨。时出所著，诱后进学者，以列弟子籍为荣。道光癸卯，年七十矣，以老不赴铨，例得京职，授中书科中书衔。明年，方翱殁。又明年，先生以疾卒。

先生家业素贫，及稍赡，念母喜惠戚族，常储钞帛食物以需。遇父忌日，辄陨涕。置祭田，筑庙妥茔，自祢以上。其伯父有足疾，侍养如父。弟懋基亦举于乡，屡困礼部试，出为校官。代教子治家二十年，又割产与贫姊舅氏，为从子侄失所者婚娶，画恒业。岁饥，则罄囷赈。距乡二里许，鉴江涨发，常购槽瘗流尸。先是，左右乡多讼斗，自先生情栉而理噢之，咸退让而谨良焉，是以知不知，皆谓先生笃行君子也。

余不及见先生。先生没十六年，始与士彬为同年生。屡造其庐，获次其遗书。凡平生所著，有《尚书解》五卷、《尚书古今文测》七卷、《尚书三文订伪》六卷、《今古文尚书问答》二卷、《尚书订定古本》七卷，《诗经解》五卷、《诗经测》九卷、《毛诗订本》七卷、《毛诗复古录》六卷，《周官测》七卷、《周官郑注订讹》十二卷，《仪礼测》八卷，《大戴礼记测》十三卷，《春秋传注订》一卷。纂辑《十三经注疏》十九卷、《四书解》十二卷、《四书推解》十卷、《论语考》八卷、《孟子考》八卷、《朱文公仪礼通解串》一卷、《国语韦注订讹》四卷，《地理杂著》十八卷，《天问测》一卷，《诗赋杂文》十三卷。

论曰：国朝学尚根柢，故多通经致用之儒。即或不见知，犹抱残守缺不自悔也，先生其一矣！尝过其游息之地，手所植松万树，邈邈烟水间。乡里萃聚其下，言其盛德。先生苟得志，此非徒独善明矣，乃遂不得施设。惜哉！

诰授朝议大夫分部员外郎袁君鼎煌家传

君名慰颐，字方城。曾祖雪立，祖升庸，父文峰。世居雷州府城，东北濒海，西南倚山，海潮上下，山溪合流，萦洄曲直几四十里。民居稠密，皆有洋田、涧田，一望几不能分顷亩，是有古风俗遍醇茂。处中有村，曰西山，有显人，曰文峰先生，曾中壬午举人。大挑教谕，借补阳春，训导学问，诚敬在官在乡，惠泽及人。君其嗣也，一志其志，一学其学，远尔人径，西山多啧啧其父子继美也。

君年四十，文峰先生捐馆。惟守先籍先畴，耕读并力，货殖贸迁不与，而旧产增丰，亦不为坐拥计。但应试屡不得志于有司，遂由《国学报》捐同知，请四品封，赠一代，旋改分部员外郎，意以本身封貤曾祖及祖。因候缺不果，平情纳粟，以济国计之穷；馀力让财，以兴家风之大。听祖考之彝训，诒父母以令名。忠信行蛮貊，孝友通神明。此岂以国恩自荣哉，欲光先德耳！此岂以乡望有属哉，欲励后昆耳！以君平日之谦抑浑厚，何有增损，何有径庭？

君童年丧父与嫡母，事生母寿至八旬，齿已艾，犹孺子泣。拨租每年拜诸祖坟林，祭品必洁馆谷。每年教诸子俸修脯，又丰施贫乏，给粟米钱衣，必以其时而酌宜。喻争讼者以和平，而盗贼为谧，不逾其垣。丁酉壬寅，咸潮迭溃，溺漂死病，君助金平粜；西南饥，又自举债二千有奇，分贷即不偿，非所计。佃户运粟至，不苦以杂稗风之。即登困，不絮籴，不权子母息，不概盈虆剩。彼其肯堂肯构，为梓为桥，临间下马，慕石氏之徽。祭灶烹羊，得阴家之富，则源源继述，未尝瞬息忘于是，知文峰之遗泽绵矣！

文峰久欲立祖祠并祀诸房昭穆，捐租十余石；君以养贤之典尚阙，复拨置数石。文峰欲建文昌宫于其大宗祠左，存金数十两；君复置租谷数石。文峰为校官阳春，捐骼成一百三十二义冢，捐资生殖，用为祭用；君亦劝邑人葬滞枢，埋棺一千，埋瓮四百，为墓百余。文峰欲建翠堵陂，镇其乡水口；君乃鸠工为奎璧阁，拨五亩，除供魁斗外，即为庠序应试需。文峰于藤家渡筑长梁，后涨发；君垒石修固，至今通津，长利涉。文峰协众创科资宾兴祠，君亦协众创印金宾兴祠。

郡中农田学校，各大政役，皆取次邀与典办，输将无所吝。济乡中贫乏，每岁出金或百数于生，生所病医死瘵。倩拾废字纸，作筠笼箬笈，挂乡市城院几满。印刷善书千有余卷，继续不等，自诵送阅俱由至诚。夫苟出于至诚，则宜天人物类，皆是之矣，而况乃伸其父之志之学耶？

余自椹川岛迁郡城东闉外，距西山不过二十余里。曾得与文峰先生上下其议论，而君执礼甚恭，屡置酒讯问，深及于学术之事，默契文峰先生暨君之心。君平素所述，皆董之正谊明道，诸葛之淡泊宁静，范之先忧后乐，朱之诚意正心。其持身，则法周勃之厚重少文；其处众，则尚霍光之精慎详审。其贤而多财，则损其志，如二疏戒子弟；乘下泽车欸，段马作汗漫游，以多大志为徒自苦，则又如马少游之劝弟兄。味其所言，可以略领其趣也。

郡人劳明经家详，为文峰之老门客，又君之馆师，有德能文于君，五十五岁卒。后具其行状来，不苟毁誉，而尊重于其父子颇至矣。乃从容告之曰："子知袁氏父子，亦知其酷似了凡袁氏燠乎？乃举往日所曾告君者，告之家详。首肯君懿，配州司马，林庭三女，亦富而好善。"有男四：洵瀛，国子监典簿，复进庠。洵楫、洵熹，殇。洵炯，监生。孙希滋尚稚。

论曰："昔者了凡袁氏，谨遵功过格之说，砭情刻意，迓庥于赤黑小豆颗之间，布播善书，遂风偃天下。后世子孙朋旅，益修其业，宗派遂大昌盛。要是：自善即以善世之意允矣，其可师矣！然又尝阅陈榕门训俗五种，多集宋明理学家之粹言。阅惠定宇《感应篇》新笺，多引秦汉经子书之古义，非欲其有据乎？顾以质袁氏族庶，同好倍求，实验则于此志此学，超然以远。"

例封正八品孺人何母黄太孺人诔并序

光绪己丑岁仲春，何母黄太孺人以寿终于内寝。计距生于嘉庆乙丑，享年八十有五。讣闻郡邑，亲友无不惋悼。敬姜犹闻力绩，考叔空复遗羹。寸草难酬，动凄吟于东野；束刍可置[一]，来隐喻于南州。金拟于五虞之期，制轴抒德，让余为词。盖以余与其季嗣君雨亭为同年，生交最深，两家来往又最密，谊逾至戚。至于子侄，皆有师友之分、犹比之恩。然则，余之于太孺人，历溯平昔及于今，兹实不啻母子之爱焉。况又吾梁太恭人平生所亲敬，以姊妹妯娌行耶？

昔余居湛川，环海荒僻奇窭。雨亭力为筹划，襄余买宅郡城东闉外，就府山长馆谷，奉太恭人甘旨，太孺人与相见乐甚，不旬日必相候视，或再信宿。雨亭间随至，即相与进酒罗馔，供语问，席间博二母欢。而彼此眷属，窃亘联姻娅，敛衽如妇事姑，可二母意。二母并喜佛氏说，太孺人尤虔焚诵。尝顾余太息，谓慧业文人，必登黄甲。老媪与尊慈，持无患珠念盘若，宜有益于显扬欤？各灿然因洗爵为寿。

自吾太恭人得隔食疾，祝噎无方鸠，徒刻杖加餐，虽劝鲤无凿冰。余时在京供职，雨亭专书呼余返。太孺人每依床棱，展衾角而坐，看吾子媳剂药劝服。暨溘然逝，痛绝怅怅无所之。时亦老病侵，寻见余则陨涕，余若再临苫块。日月飘忽，转瞬十余载，不料太孺人又与百母会与忉利天上也，呜呼哀哉！

太孺人，礼书公女，幼聪敏懿淑。既笄，以礼归年伯何公用之封君。相夫以顺，处己以诚，舅姑称其孝恭，娣姒仪其姻睦，礼法冠族党，德施遍里闾。持家俭勤，常操井臼，教子谨慹，独厚脯脩，故家增恒产，子有盛名。郡邑啧叹：贤母之首。子三：长子俊，海康学廪膳生；次敬轩；季雨亭，辛酉科拔贡生。孙四：长绍琼；次绍琦，廪膳生；三绍珍；四绍琳，廪膳生。曾孙八：铣、钧、钦、铭、铨、钺、镳、锦，皆能捧祖砚而致思，读父书而不愧，则太孺人之福祚遗于无穷也。宜享荣算，臻期颐，使老莱得伸其彩戏，令伯得展其乌私，巨卿得常其登堂之拜，奈何不稍弥留，竟真冷而化耶？余悲太孺人，若悲吾太恭人；述太孺人之德，旋以思吾太恭人之德。凭棺之痛，灵若有知，当为贱子述罔极难报之苦也！则太孺人反赐而慰我者也，余能毋述哉？呜呼哀哉！爰作末曰：

　　卓彼母仪，令我思维。旧谊如昨，令我伤思。自我谒母，母能我奇。事同剪发，语非相皮。诣庆我母，爱等其儿。母之懿德，我则深知。上能有敬，下能有慈。救有匍匐，济有浆糜。亲不为匿，疏不为离。节省在身，而非吝私。善美在人，而以悦怡。遗之孙曾，斯意可师。巾帼巨智，光发牟尼。中声齐喙，无论尊卑。姥岭颓崿，婺川竭漪。人人奔讣，户户惊疑。自今以往，莫仰槐眉。我言我友，忆母在时。至爱成痛，泪湿前輀。二皓兼降，三青交驰。易名非古，谥从夫宜。至于阃范，不忝于词。偕诸长者，旌之素旗。俾我一方，永远述之。呜呼哀哉！

【校勘记】

［一］"束刍"，重刊本作"束刍"。

敕授儒林郎布政司经历黄逊之太翁诔并序

　　光绪戊戌岁二月初三日，我邑耆逊之黄太翁终于里第，春秋九十有四。三月初八日，值五虞哀期，戚友钦其遗行，将合奠于家，而表以素旗，先寓书属余作诔。

　　夫诔所以纪实，非熟悉其家世，纵有枚马之才，言过失实，欲彰反盖。余与翁生同里，顾余壮岁，饥驱囊笔，游燕都，走齐梁吴越楚豫，间有历年。头白归来，得与垂老相过从者，几如晨星，落落不数。觌翁于行辈则尊，年齿且高，曩日又不及相周旋，虽岿然无恙，余未之识也。而耆年有德，乡人士每交口称之，余亦时于谈次得其梗概，而心知其为长者。未几，而翁之行状来矣。

　　太史公曰："布衣匹夫之人，不害于政，不妨百姓，取与以时而息财富，则智者有采焉。"余之诔翁，亦如是已。按状，翁讳堂云，字上升，号兴虞，又号逊之，赠儒林郎讳绍圣公之四子也。性好读书，经史子传，靡不游猎。幼攻举业，文益工而数奇，屡应童子试不得志，因就例焉。

中岁遂弃其学，潜心于《素问》《难经》，神明而变通之，施方济人，全活者甚众而毫不言功。人皆谓翁之震聋聩，起夭札，阴德不少，宜其享大年而食报长也。暇尤旁参青鸟术，自治村居，手所种植树木，蔚然苍秀，留荫后人。家先贫，配戴孺人贤，得其助，果以勤俭致富。翁之所诒，远矣！

生平齐家处世，以忠厚为本，横逆之来，置不与校。遇侪辈，必恭敬尽礼；教子弟，先谈忠孝，后谆谆举先代朴诚与创业艰难以相劝勉。间有背者，必述祖宗命切责之，子弟皆惮其严。然好为诙谐语，缘胸无挂碍，故不觉洸洋，排宕以资其鼓掌。外虽疏脱而世故，中甚分明，颇得养生之法，古所称地行仙不过是。一日，曳杖于门，饮啖如常，犹谈家事不倦，晚而就枕，忽闻鼾息渐微，烛之已逝。其神闲气定，来去了然，入世出世，可以为难矣！

男一讳欢如，例贡生，有贤声，先翁卒。孙男四，长亦弗禄，人莫不为翁惜。幸而次孙男立三，武庠生。三希三、四居三，皆业儒。曾孙天采，几成立足主器子。女子一，太学生许秉才，其婿也。翁虽未睹其显扬迭邀锡命之荣，而源远流长，固奕叶未艾也。其所状事实云尔，此皆卓卓可传者也。况砥行立名，凤孚乎乡党哉！

乡有长者，向竟失之交臂。必待翁之弃人间世，始为诔以美之。余何人，斯敢以不文之辞，足为翁重也？然余即代言之，究不若状之自言详且到也。故特次第行状中语，删润之而继以辞曰：

古曰在昔，昔曰先民。抱芬怀玉，返朴还醇。求之于今，罕见其人。江夏望族，代生令哲。太翁诞降，岐嶷异质。弱不好弄，殽核典籍。发为文章，含经味道。骥足屡蹶，鸿才坐老。爰弃缥缃，精究青囊。如遇异人，传授秘方。利物济人，施不取偿。以儒为医，与相称长。积财非艰，积善为艰。财久而倾，善久则敦。厥后必昌，于公之门。百年树人，十年树木。种松成林，栽木满屋。自谓过之，一丘一壑。菑之畬之，厥维播之。我躬之淑，我后之诒。胡子若孙，享年俱短？早赴玉楼，虚传翠管。天佑善人，报施何爽？老泪涕零，情所不免。死者已矣，生者岿然。幸有兰孙，三枝皆贤。呱呱在抱，一线长延。含饴膝下，舞彩阶前。顾而乐之，足娱晚年。教诲小子，忠孝两端。高曾规矩，稼穑艰难。持家则严，接物甚宽。推诚相与，不匿肺肝。清谈洒洒，是其素性。滑稽淳于，诙谐曼倩。天苟假年，翘跂百岁。家祝期颐，世称人瑞。况翁通德，典型乡邑。倏而物化，每怀靡及。庄生反真，迦文示寂。仙佛现身，高曾回首[一]。一丝不挂，临崖撒手。齿尊德优，人生寡俦。诗歌黄耇，图写青牛。幽幽令绪，宛宛灵修。鹤返天长，钟沉日午。揭颂瑞室，缅型硕果。寿星绛人，贤亭徐孺。虚堂罢盥，闲楹奠黍。诔德千秋，永存素履。

【校勘记】

[一]"高曾"，疑为"高僧"之误。

何雨亭诔并序

公终正寝在光绪辛丑十二月朔，其蒙孙与诸孙以讣来。适余远出而归，即丧次子，殃殊北海，惨甚西河，未及顾制服之文，无以伸凭棺之义。叱无恒化，不获聆达言。死尚犹生，岂敢忘夙好？至今年壬寅二月之望，始与郡县亲友为诔于灵次。

念余与公订交，届今四十有七年矣！公年七十一，余年六十九，亦阅人间寻常光阴倏积、天下襫襶凉热，未为大耄也。而海内知交、乡里故旧，暨彼此亲爱骨肉，弱而已冠，壮而未强，乃大半凋谢。朝露晨星，存者无几；春风秋月，逝者如斯。公今又骑箕而骤，倾斗而酣。梦奠两楹间，龙蛇何谶，功收九级上？狮象何依，伤奚极耶[一]？

公少而单寒，严父见背。长而愤悱，恭兄为师。孝友著于家庭，忠信行乎州里。于书无所不读，于事有所不为。学问经纶是其素裕，礼义廉耻是其大闲，声色货利无以动其中，文采风流无以出其右。故汉学通经，主于致用；宋学明道，主于存诚。诵讲则千百其徒，随从无二三其德；见异才为之倒屣，叹大雅为之扶轮。大将军之长揖，岂曰抗乎贤；太守之深交，不为僭也。

忆余以绿营乌衣为博士弟子，谒黄宪于白舍，访扬雄于玄亭，尚带椎牛之气，未除屠狗之容，行不中权，言多失检。众谓狂妄，置为伦荒；公独惊奇，引为族类。追吴江学使前后两临，皆被高选为拔萃，齿录同年生。是时跌宕文酒，兴烈会频。比似世人，则惟冷笑；谈及时事，则惟酣歌。而公荆璞难投，每嗟璧质菫铜易出，常拂剑心。而余忝乡举北上，王生之履，乃怜足露；方朔之囊，屡困身长。沉浮二十载，始得遂初；纵横几万里，终成务末。苦在经师人师之列，甘遗智者勇者之班，疾病艰贫，欢娱悲戚，相视如鱼鸟，同声而鸣，共沫而煦也。

公母太孺人，余母太恭人，联为同庚妯娌。公内孺人，余内恭人，联为同姓姑娣。公诸子诸孙，余诸子诸孙，皆亘师友于门墙。如此其亲且厚也！伯牙子期，凄凄于存亡之际，岂谓碎琴不弹？巨卿元伯，欤欤于生死之间，岂谓挽绋而发？要离家旁，或妥梁鸿之魄；许繇宅畔，当过田岩之邻。谥以易名，诔以表德。春秋经师，不惭学海。大小隐士，各可名山。诒尔孙谋，绳其族武。慰彼北堂，眷属光我，东国人伦。鸣呼哀哉！诔曰：

女之美也，众女谣啄其蛾眉；士之才也，众士指摘其凤姿。吾与公，气相求矣，声相应矣。饕乎鼓之，轩乎舞之，乃在同地同时，齐苔岑于以荟蔚，揽芝谷于以逶迤。不分邴郑，久鄙秦仪。世俗虽蒙，不可以不觉。子孙虽丰，不可以不学。新知不可以不涵，旧染不可以不濯。今公殁矣，谁依谁托？小乱未已，大乱将兴。频惊闻于黑眚，屡失险于黄灵，冬寒而天地闭塞，夏暑而海山焚蒸。

今公殁矣，谁愍谁拯？我曾揽辔，公惟藏器。出处本末[二]，殊途幽明。自当一致，我心即是。公心公事，无非我事。述徽美于生平，示师友之大义。请循故人之言，以证乡党之谥。敬献奠觞，亦非扬觯。只冀情通，莫嫌性嗜。鸣呼哀哉！

【校勘记】

[一]"伤（傷）"，重刊本作"场（塲）"。

[二]"本末"，初印本作"本未"，据重刊本改。

诰封资政大夫伦公墓志铭

南海伦君五常，为工部正郎，有干才，敏于政务。既乞假归葬君，复以状来求铭。案状：君事亲孝，抚弟友，推解赈恤，力善不倦，仁行义举，所触必应。和蔼爱人，而有深心远虑，虽守朴不曜，由其设施在，族里以推仁厚之意可风也。其族每荒，则贫户以缺征累，乃约春时代科，秋成受偿，不校负，族人历年独无苦追呼者。

咸丰七年，红巾之变，诸乡逼于饥困，多揭竿从。乃豫出家资，贮谷为备，告族人利害，提撕忠义，计口给食，视悍暴与众柔之。乱平，伦氏独免吏议。其乡居民素稠密，业蚕桑，向通津，乃倡设土丝、蚕纸二市，居积舟载之利，乡人益殷富，至今赖之。呜呼！吾尝憾亲民者，不能如乡之贤父老也。苟如是而推之，民被其仁矣。

公讳孔昭，字和明，江浦司人。生于嘉庆己巳十二月初五日，终于同治壬申六月廿五日，享年六十有四岁，葬于西樵山小科峰。德配马夫人，子四人：五常，辛酉举人，工部郎中。兆常、庆常、汝诜，俱太学生。孙三人：永年、永高、永思。铭曰：

共祖而饥，不忍其羁，况不义而忍其为土？物土宜心，臧家肥美。利与邻里，同臯之任恤。睦姻之风，为族也规，为乡也仪。庶厥后人，永维心斯。

清例赠修职郎邑廪生讳勉宋君墓铭

铭曰：擎雷水侧，敦朴宿儒。文而能质，智而能愚。青溪巷陌，绛县泥涂。尚书杏落，宰相梅枯。有子跨灶，邦君式庐。庶几六一，表《泷阡》欤？

　　曩以先君子墓志铭请于师。师曰："吾撰铭，尔自志之较为真切。古之人有行之者，欧阳公《泷冈阡表》是也。"

　　故谨如师言，刻铭志后而登录于此。鑫谨识。

拟陆士衡演连珠

臣闻：乳虎初生，已有搏牛之气。神龙虽沓，难除嗜燕之馋。故雄才大略，乃出天生。小过微疵，或负俗累。

臣闻：骐骈骅骝，尚抱痛于盐车之坂；梗楠杞梓，或失察于匠石之门。故辱大贤于侧陋，徒愧平章；求奇士于风尘，不拘资格。

臣闻：蚁蛭之山，必少虎风豹雾；蹄涔之水，难求鳌峤鼋梁。故盟心功业，深于古者自足；猷为屈首词章，囿于俗者，宜无经济。

臣闻：售或连城至宝，钦卞和之璧，呼而跃冶，不详讥子祀之金。何则？名以知希为贵，物以自炫招疑。故士难进，则德厚重而用多；道急行，则志轻扬而达鲜。

臣闻：竹箭产于穷岩青冥，有云梯万仞；珊瑚生于盘石碧海，下铁网千寻。何则？资绝乎俗，则藏者惟恐不深；才适乎时，则求者弗惮其险。故揖让可非，颍水以独行自远；驰驱不许，隆中以三顾始来。

臣闻：倾覆才失意，斯北走胡，南走越；帝王佐无时，亦渭可钓，莘可耕。故汉武圣明，能御跅弛马足。灵均憔悴，宜修谣啄蛾眉。

臣闻：两间有至广大，意计难穷；万古有极渊深，耳目奚察。是以染翰画天，非可即半晷云霞，象夏冬寒暑；操蠡测海，焉能执一方港汉[一]，论潮汐晨昏？

臣闻：器使有通塞，品流分大小。是以车不浮于渊，舟不行于陆。鲸鱼喷浪，固非鳅鲔所能当；鹏鸟乘风，未许鹢蜩之获识。

【校勘记】

[一]"港汉"，疑为"港汊"之误。

附　录

清故四品衔户部主事陈君墓志铭

君讳乔森，字颐山，又字木公，广东遂溪楫川人。父讳某，由行伍擢外委，以故，君少而好驰马试剑。年二十余，始折节读书，颖敏有夙慧，目光如电。殷学使寿彭按试日，题《拟潘安仁〈秋兴赋〉》，如双鹄并飞，学使惊异之。值七夕招饮，即席试《拟柳子厚〈乞巧文〉》，洋洋数千言，援笔立就，酒未阑也。稿出，一日遍传于市。旋以咸丰辛酉，由拔贡连举于乡。壬戌之冬，与守敬相遇于樊城，倾盖遂成莫逆。

君入都则遍交当代贤豪，一时才名冠辇下，若南皮张宫保、奉新许中丞、桐庐袁太常、顺德李侍郎，皆以国士期之。而昕夕过从，则文昌潘户部孺初、归善邓鸿胪铁香，及守敬三人耳。既而，潘先生首赀助之为户部主事，非其好也。南游谒曾文正公于金陵，目为奇男子，与彭刚直公针芥尤合，挽留弗得，乃资以游庐山而归。今集中《游匡庐诗》五首，论者谓："自欧苏以后，无此奇作是也。"_{论者谓："自欧苏以后，无此奇作是也。"十二字系南皮相国添入。}会李中丞福泰抚粤，罗致幕中，一语不合，拂衣而去。当斯时，君足迹所至，莫不倒履相迎，但稍事委随，开府节钺，皆意中事，终不肯一毫假借，所谓龙性难驯者欤。集中诗"与为诸侯客，何如天子恩？"可以知其概矣。_{《将有江南之行述怀别潘孺初》语也。}旋丁外艰，服阙后复入都，又屡不得志于有司，意兴索然，常寄牢骚于杯酒间。

自是以来，铁香铮铮于言官，潘先生沉滞于农部，余与君则南北奔走，聚散不常，两人发亦种种矣。庚辰，余东渡日本，闻潘先生已解组归琼州；

君亦移家雷郡郭外，灌园种树，自号"东皋老农"，不复有出山之想。

暨法越构兵，南皮宫保总制两粤，彭刚直公以钦差督师，皆君故人，交章奏请，以君与潘先生同办雷琼团防，蒙旨奖四品衔。未几，铁香奉命定法越疆界，事竣，亦请假还惠州。及余自海东归，旋闻铁香以暴病卒。又一年，潘先生复归道山。屈指天涯知己、白首故人，唯吾与君在耳！去年，有海康梁成久者来鄂，知君杖履逍遥，康健如昔，为之神往。何意今年六月，又以君丧来赴。吁！守敬生长僻乡，幸因君得见潘先生及邓铁香，尝谓：潘先生，今之何点也；铁香，今之赵清献也；君，则今之陈元龙也。守敬于此三人，皆无能为役，而皆引为知交。故自暌别以来，落月屋梁，未尝不往来于梦魂中，今无一存者，可胜痛哉！

潘先生潦倒终身，君亦自废不起，铁香骎骎向用矣，亦未竟其施。守敬则一事无成，须发如丝，虽有等身撰述，而半未脱稿，驹影已迫，尚未知命竟何如，不至终淹否？所为既悲逝者，亦行自念也。君主雷阳讲习近三十年，中间或为省博学馆总教习、学海堂总教长，著录弟子数千人。君故雄于诗，其少作，为潘先生所手钞者，已有数巨册。今又三十年，颇闻其不甚爱惜，晚年随意作画，每画必题一诗，是在及门诸子蒐辑之责矣。然迹君平生，不为祖士雅、刘越石一辈人，而使之以诗文传，吾知非君之志矣。

君以光绪乙巳^[一]五月七日以足疾卒于家，享年七十有三。临卒时，诏其家人以墓志嘱守敬。其门人郑君贤相，不远八千里来此，其风义亦非君不能得之。守敬何可以不文辞。铭曰：

海南畸人，燕赵壮士。不衫不履，跌宕自喜。弱冠弄翰，轶今迈往。跃马三边，山河一掌。谁谓骐骥，虞坂不骋。赍志以殁，九阍何省？托迹东陵，纵情诗酒。试剖臣心，热血数斗。白日西匿，沧海横流。哀哉陈君，不如田畴。

光绪三十一年岁次乙巳七月^[一]，宜都杨守敬撰。

【校勘记】

[一]"乙巳"，初印本作"乙己"，据重刊本改。

读陈颐山海客诗钞题辞

谒选来京华，旧友不三五。英俊满目异，未知何门语。论交得陈子，性情与貌古。元章非癫狂，魏征乃媚妩。博学媲马班，高吟追白甫。与我共酬酢，郁勃思奇吐。跌荡文酒场，惊座掌频拊。肝胆披轮囷，形骸忘宾主。自言少年时，射石曾没羽。辛苦十上劳，功名惜乖迕。浮湛郎署寄，埋首就墨楮。未忘元龙豪，羞与樊哙伍。昨枉冰玉投，一字千琼瑀。洪涛驾岩崿，律师严步武。长安富文彦，车马耀圭组。艳斗风中花，茸缀类笺谱。姓氏竞煊赫，传舍欻朽腐。谁能奋千载，独然靡波柱？文章有真源，精气积乃举。何为太璞残，穷年事藻斧？风雅渐销歇，榛莽赖劈剖。孤力快同志，匡扶期有补。愿君超常伦，词坛旗纛竖。春风动蓟门，落花搅别雨。生世各事牵，我行君亦去_{君言即欲归粤}。勖哉名山业，天涯慰延伫。

同治壬申中和节前一日，董文涣题。

潘君孺初钞遂溪陈颐山海客诗集见示系之以赞

初学李韩，一龙一猪。天与健爽，师愈不愚。五言兼杜，高者谢乎。以率为老，其犹病诸。接不贯川，结少纤徐。此君所短，非力不除。终当逍遥，意与化俱。

王闿运题

复赞钞诗者

银钩妩媚映乌丝，不惜闲情为写诗。自笑行吟半天下，白头尚未遇钟期。

闿运又题

《海客诗文杂存》编后记[一]

颐山师主雷阳讲席垂三十年，鑫亲炙二十余年。暇间，屡与师言，求出其诗文付梓。则曰："千秋万岁名，寂寞身后事。"大笑而已。然而，谈次每自道云："吾诗上窥陶谢，文则未及于古。得失存心知，昔人已先吾。"师言之非吾辈管窥蠡测，所能寻其涯涘也。

师殁后，诸同学欲从事搜辑，而倏值世事沧桑，人各星散。及周君耀垕长吾雷中学校，始搜取扬少彭君所传钞、潘孺初先生手钞《海客诗文偶存》，添辑晚年应酬、课士、题画诸篇，缀以杂文，属为编校。

缘师旧无年谱，而此稿又得自传钞，先后次序辗转倒置。鑫以积年坎壈忧患侵寻，叠在箧衍，未暇编比。戊午夏，避兵乡僻，徂秋涉冬，闲中略为理其次第，参以搜求别本，随宜添入，厘分诗为四卷、文为一卷，共五卷。越今夏旧历四月，始定改，题曰《海客诗文杂存》。适黄君极南与阖郡同志募印诸先正遗著，爰即以此本奉献，付诸手民。综计，前一二卷，则少作诸什及五度京华，中间遍游齐梁吴越楚豫，与奉讳在籍时之所作也。其第三卷，则主讲雷阳，应酬课士之所作居多也。第四卷，则晚年题画诸作也。杂文附后，为第五卷。寥寥无多，吉光片羽也。

序吾师诗文者，难其人也。故以杨惺吾先生所撰墓志铭，及董王两先生题赞冠首，存其慨也。顾师既无年谱，而余生也晚，又不逮见其少壮时事，不得不以咫闻所及，意为编次，究之先后次第，岂敢即谓整齐乎？然吾师诗文雄富，今所存者，殆仅十之一二。吾知异日，邦人君子，旁搜精辑，当必有进于是者。此本其先河耳。

己未旧历四月下浣八日[二]，受业海康宋鑫谨识。

【校勘记】

[一] 该文题目为点校者所加。

[二] "己未"，初印本作"已未"，据重刊本改。

与宋庚三书[一]

庚三仁兄同门：

荃照怦来，承示校订颐师《诗文杂存》凡五卷。知吾兄加意研寻，订
谬正讹，不使亥豕鲁鱼，失却庐山真面，其用心亦良苦矣！犹复鸣谦，不
自以为是，辱以质之于年。顾年亦何能为役哉？

窃思吾师望隆山斗，原不藉诗文以传，而翰墨所存，百灵呵护。后
学得其片词只字，拱璧同珍。向苦遗失太多，仅存十一于千百。今幸吾
兄勤为搜辑，并加校附刊，俾得人手一编，朝夕披吟，如亲提命，何乐
如之？吾辈及门，莫不额手交庆。况值连年变乱，残缺时虞，而黄君极
南，留心文献，不辞劳瘁，数载求得吾郡诸先正与吾师遗稿，力任醵
金，付梓以广其传。虽在奔走余生，独能毅力撑持，屡仆屡继。闻将再
约同志，遍拾里人散帙，一体印行。其有益于士习民风，良非浅鲜，洵
为美举，大快人心！

来教云：刊期太迫，作速付还。年即如命，敬交来使带还，查收幸
甚。勿谓年之惮烦，不肯留存细阅。诚以既经吾兄手定，虽百番搜索，
无能再作异同，徒稽时日而已。来教又书后跋语为嘱。年以吾师大著贯
穿古今，作者难，识者亦不易。见智见仁，随其人之自领取而已，年何
敢复赘一词哉？惟无能编校，而吾兄已许以编校之名，其惭与感，有交
萦于靡尽矣！

手此，即请道安暨颂潭祉！极南兄处并恳代致道候。

弟陈鸿年顿首

【校勘记】

[一] 该文题目为点校者所加。